CONSIDÉRATIONS

MORALES

SUR LA DESTINATION

DES OUVRAGES DE L'ART,

PAR M. QUATREMÈRE DE QUINCY.

PARIS.

ADRIEN LE CLERE ET C⁰,
QUAI DES AUGUSTINS, N° 35.

BOURGEOIS-MAZE,
QUAI VOLTAIRE, N° 23.

CONSIDÉRATIONS

MORALES

SUR LA DESTINATION

DES OUVRAGES DE L'ART.

Se trouve **A PARIS,**

Chez L**ENORMANT**, Imprimeur-Libraire, rue de Seine, n° 8.

CONSIDÉRATIONS

MORALES

SUR LA DESTINATION

DES OUVRAGES DE L'ART,

OU

DE L'INFLUENCE DE LEUR EMPLOI

SUR LE GÉNIE ET LE GOUT DE CEUX QUI LES PRODUISENT
OU QUI LES JUGENT, ET SUR LE SENTIMENT DE CEUX QUI
EN JOUISSENT ET EN REÇOIVENT LES IMPRESSIONS;

PAR M. QUATREMERE DE QUINCY.

Artes desidia perdidit; et quoniam animorum ima-
gines non sunt, negliguntur etiam corporum.

PLIN. L. 35, c. 2.

A PARIS,

DE L'IMPRIMERIE DE. CRAPELET.

1815.

Iʟ importe ordinairement moins au Public de savoir, qu'à l'Auteur de dire, quand et comment un écrit a pris naissance. Je crois effectivement être aujourd'hui seul intéressé dans cette petite révélation. Peut-être trouvera-t-on que je ne manque pas de quelque raison pour apprendre au lecteur que cet opuscule, anciennement composé, l'a été sans aucun autre but de ma part que d'éprouver la valeur et l'effet de certaines idées, détachées de l'ensemble d'un Traité plus considérable, sur l'effet poétique des ouvrages de l'Art.

J'en lus, il y a environ dix ans, quelques morceaux à la classe des Beaux-Arts de l'Institut, qui me parut les avoir écoutés avec indulgence. Le rapport des travaux de cette classe pour 1807 en fit même une mention obligeante.

Ainsi, comme l'on voit, ceci n'est pas un écrit né de l'occasion. L'ouvrage n'a pas été fait pour les circonstances du moment, mais les circonstances ayant paru faites pour l'ouvrage, quelques personnes qui en avaient gardé le souvenir me l'ont rappelé, et m'ont engagé à le mettre au jour.

Je l'ai donc tiré de l'oubli, si toutefois ce n'est pas l'y condamner définitivement que de le publier.

CONSIDÉRATIONS

MORALES

SUR LA DESTINATION

DES OUVRAGES DE L'ART.

Oɴ a souvent demandé quelles furent les causes morales de la grande perfection des Arts en Grèce. A cela, il y a une réponse qui, si elle ne comprend pas toutes ces causes, en renferme au moins un très-grand nombre. On peut, ce me semble, répondre d'un seul mot, que la supériorité ou la perfection qu'obtinrent les Grecs en cette partie, fut due à ce que chez eux les arts étaient *nécessaires*.

Nécessaire peut s'entendre ici sous plus d'un sens et se dire de plus d'une manière.

Si l'on parle des Arts, en les considérant dans leur génération et dans la propriété qu'ils ont de se produire, de se perpétuer d'eux-mêmes sans aucun secours étranger, *nécessaire* signifie *obligé*, *forcé d'être.* C'est ce qu'on nomme spontanéité dans le règne naturel, force des choses ou fatalité dans l'ordre moral.

Lorsqu'on envisage les arts dans l'exercice habituel qui s'en fait chez une nation, le mot *nécessaire* exprime cette liaison naturelle qu'ils ont quelquefois avec les principaux besoins des hommes en société, ce qui met la forme d'une société dans une telle dépendance des Arts, que, sans eux, cette forme cesserait d'exister. Telle est, par exemple, l'espèce de nécessité de l'écriture.

Envisagés dans l'emploi qu'on fait de leurs productions, les Arts seront et s'appelleront aussi plus ou moins *nécessaires,* selon l'application qu'on saura faire de leurs ouvrages à des usages précis et utiles. On appelle donc ouvrage nécessaire, celui qui a un but fixe et déterminé, un emploi tellement positif, que cet emploi fasse un devoir à l'auteur de lui imprimer un caractère spécial, contraigne le spectateur d'en porter un jugement conforme aux raisons qui l'ont fait produire, et le public d'en recevoir des impressions uniformes et déterminées.

Si l'on veut se rendre compte plus en détail des causes qui concourent à la perfection des Arts, on verra qu'il en est peu d'étrangères à ces trois espèces de nécessité. Les causes même qu'on fait dériver, soit de l'enseignement, soit des encouragemens, soit des récompenses, se rattachent plus immédiatement qu'on ne pense à l'action première de la *nécessité*.

Quel fut ce peuple où l'on vit les exemples produire les règles du beau dans les œuvres de l'imitation, et les règles reproduire des modèles de plus en plus achevés; où l'on vit l'exécution créer les méthodes, et les méthodes simplifier l'exécution; où les chefs-d'œuvre de toute espèce, et tous les genres d'encouragement réunis laissent encore à douter si le génie fut plus honoré par les récompenses qu'il ne les honora lui-même? Quel fut ce peuple? Ce fut celui chez lequel les Arts d'imitation naquirent et se développèrent comme des plantes indigènes; ce fut celui dont toutes les institutions sociales, politiques et religieuses étaient fondées sur les Arts d'imitation; celui chez lequel toutes les grandes actions immortalisées, toutes les belles affections consacrées, tous les sentimens personnifiés par des signes publics, ne permettaient à l'Art aucun monument oiseux ou inutile, ni à l'artiste aucun ouvrage qui n'eût un emploi nécessaire.

En indiquant les trois degrés de causes nécessaires qui produisent les Arts, j'ai fait voir assez clairement quelles sont celles de ces causes dont il ne nous est pas permis d'attendre le retour.

Ainsi, il n'est pas en notre pouvoir de reproduire les effets qui dépendent de la *nécessité*, en tant que signifiant les *causes originaires* ou *naturelles*, s'il est vrai que plusieurs de ces effets appartiennent à l'âge même de la société, et aux révolutions périodiques de l'esprit; s'il est vrai que le genre humain ait eu aussi son enfance et sa jeunesse, et que, pour l'espèce comme pour l'individu, cette saison de l'imagination et des riantes passions une fois écoulée, il ne soit plus possible de retrouver dans l'âge de l'observation et de l'expérience, ni cette fraîcheur d'idées, ni cette chaleur de sentiment qui sont le privilége du printemps de la vie.

On en doit dire autant des effets produits par l'espèce de nécessité qui est celle des causes sociales. Comme personne ne peut les créer à volonté, il n'est donné à personne d'en faire naître les conséquences ou les résultats. La forme de chaque société politique précède, en chaque pays, le développement des Arts d'imitation. Lorsque le principe de la nécessité de ces Arts ne s'est pas incorporé avec le principe d'existence d'une société, nul moyen de l'y introduire après coup. C'est une greffe tardive que repousse une sève trop avancée.

L'action particulière de l'homme, si distincte de l'action générale de la nature, ne saurait donc suppléer la double vertu qui résulte de ces deux élémens de nécessité. On ne saurait faire ni que les Arts soient nés d'eux-mêmes, ni qu'ils se soient fondus avec les institutions primitives d'une nation.

Il n'en est pas tout-à-fait ainsi du troisième genre de nécessité dont on a parlé, c'est-à-dire des rapports d'utilité que peuvent avoir ou acquérir avec la société les ouvrages de l'Art. Si le génie des artistes, dirigé par ceux qui les emploient, vers un but utile et noble, en reçoit plus de force ; si une destination précise et déterminée des ouvrages rehausse leur valeur, et en explique mieux l'intention aux spectateurs ; si l'accord de l'ouvrage avec sa destination, avec les circonstances et les motifs qui l'ont fait produire, ajoute à son effet et aux impressions qu'on en reçoit, on ne saurait nier qu'il ne soit en notre pouvoir de s'emparer de quelques-unes de ces causes secondaires, d'en diriger, d'en développer et d'en conserver l'action.

En effet, les causes dont je veux parler ici sont

plus ou moins indépendantes de ces élémens primitifs de l'ordre naturel ou politique, élémens qui nous dominent, et que nous ne dominons pas. Elles dépendent plus qu'on ne pense de l'action des hommes qui, par leur position, peuvent influer sur la direction des Arts, des artistes et de leurs ouvrages. Ainsi ces causes se développeront d'une manière utile ou nuisible, selon l'impulsion qu'on saura donner à certaines habitudes sociales ; selon que les leçons de la théorie cultiveront en nous un sentiment plus ou moins éclairé des principes du goût ; selon qu'on favorisera certaines opinions, certains usages propices ou contraires aux Arts.

Mon dessein n'est donc pas de traiter ici des deux premiers genres de nécessité. L'examen de ces sortes de causes peut être un sujet curieux pour le philosophe ; mais une fois qu'elles sont reconnues pour être hors de notre pouvoir, tout ce qu'on peut en dire est sans application.

Me bornant à ce qui appartient au troisième degré de nécessité, je n'entreprendrai pas encore de développer tous les effets utiles qu'il est toujours possible d'exiger des Arts. Je veux me contenter de faire voir que c'est à augmenter et à multiplier les rapports utiles qu'ils ont avec la société, que doit consister tout bon système d'administration et d'encouragement en ce genre. Cette action aura lieu, soit en appliquant les artistes à des ouvrages susceptibles d'une destination publique et importante, soit en formant, par l'accord des monumens et des ouvrages avec leur destination, le jugement que le public doit porter, et l'opinion qu'il doit se faire des œuvres de l'Art, soit en respectant dans les ouvrages qui ont reçu une destination, les considérations locales, morales ou accessoires, d'où dépend l'impression qu'ils font sur notre âme.

Mon but est de montrer que l'utilité morale des ouvrages d'Art, ou leur application à un emploi noble et déterminé, est la plus importante des conditions nécessaires à l'artiste et à l'amateur pour produire et pour juger ; au public, pour sentir et goûter les beautés de l'imitation.

PREMIÈRE PARTIE.

DE LA DESTINATION DES ARTS ET DES OUVRAGES D'ART,
CONSIDÉRÉE DANS SON INFLUENCE SUR LE TALENT DES
ARTISTES ET LE GOUT DES AMATEURS.

Dès qu'il est constant que plus il entre d'élémens de nécessité dans la formation et le développement des Arts d'imitation chez un peuple, plus aussi leur constitution est vigoureuse et leur reproduction abondante : par la raison contraire, ces Arts seront d'autant plus faibles dans leur germe et plus stériles en produits, que moins de causes nécessaires auront contribué à leur naissance, et concourront à leur propagation.

Si cela est, l'habileté de ceux qui sont appelés à cette intéressante culture devra consister à trouver le plus grand nombre d'occasions de rendre les Arts utiles, c'est-à-dire à multiplier autant que possible les rapports nécessaires des ouvrages de l'Art avec les besoins, les goûts, ou les jouissances morales de la société.

Si cela est, tout système, toute habitude, toute manière de voir, qui tendront à enlever aux Arts et aux ouvrages d'Art les moyens qu'ils ont d'être utiles, et, s'il se peut, nécessaires, tendront à la destruction des uns, au détriment des autres et à l'appauvrissement progressif de leur reproduction.

Au premier rang de ces opinions destructives, il faut placer celle qui tend à ne faire considérer les ouvrages d'Art comme des choses utiles, qu'autant qu'ils peuvent être des objets de prix. De ce que certains morceaux, par la réputation et le rare talent de leurs auteurs, sont aussi devenus des objets rares, et par conséquent d'un grand prix, quelques spéculateurs ont pensé que le but qu'on se propose en encourageant les artistes, devait être d'obtenir d'eux des productions qui eussent une valeur commerciale. Méprise aussi grave en soi que ridicule dans son objet. Ce qu'il y a de valeur commerciale dans l'ouvrage d'Art y est purement accidentel. L'estimer de ce côté, c'est le dégrader, et par conséquent lui dérober la valeur qu'on prétend y attacher. Mais l'erreur essentielle est d'assimiler les Arts du génie à ceux de l'industrie. Ceux-ci, en effet, consistent dans des procédés déterminés; leur perfection dépend, soit du temps qu'on y emploie, soit du degré de vigilance et de soin qu'on y porte. Celui donc qui veut, en payant le temps et les soins de l'ouvrier, lui commander un chef-d'œuvre, est presque toujours sûr de l'obtenir. Voilà pourquoi les encouragemens pécuniaires sont à peu près infaillibles pour obtenir la plus grande perfection des produits industriels, mais ils sont à peu près inutiles pour obtenir des Arts du génie cette valeur morale dont on voudrait que résultât la valeur mercantile. Le mérite des chefs-d'œuvre du génie ne peut ni se commander exprès, ni s'obtenir à volonté. Il tient à un ordre de causes sur lesquels on n'a point de pouvoir direct, et que l'argent produit moins que tout autre agent. Tel chef-d'œuvre a quelquefois couté dix fois moins de temps et de peine que le plus mauvais ouvrage.

UNE autre manière de voir également abusive en ce genre, est celle qui tend à faire confondre avec les productions inutiles, ou les frivolités du luxe, les Arts du génie et de l'imitation de la nature. Cette manière de voir provient plus qu'on ne saurait dire, chez le public, de l'estime maladroite que portent aux productions de l'Art ceux qui veillent à leur conservation. Il est pour ces productions des soins plus dangereux même que la négligence; ce sont ceux qu'on leur prodigue, lorsque, les transformant en objets de luxe et de curiosité, on les dérobe, pour les conserver, à tous les rapports utiles qui en faisaient le prix, et qu'on leur ôte ainsi l'éminente propriété qu'elles ont de plaire à l'âme et à l'esprit, pour y substituer la faculté si inférieure de plaire aux yeux et de flatter les sens.

Tout Art, on en convient, est susceptible de procurer ces deux sortes de plaisirs, et doit même les réunir. Mais si, par l'emploi qu'on fait de ses ouvrages, on semble donner la préférence au plaisir sensuel, on pervertit à la fois le goût du public et le talent de l'artiste. Le public n'est que trop porté à jouir des Arts par les sens, et l'artiste ne se conforme que trop facilement à cet instinct vulgaire, lorsqu'il renferme ses efforts dans le cercle étroit d'une futile exécution, propre seulement à amuser des sens peu cultivés, et qui ne demandent à l'Art que des curiosités dispendieuses.

Dans l'intérêt bien entendu des Arts, le plaisir qu'on doit en exiger est précisément celui qui rend les ouvrages tout à fait indépendans de ces caprices du goût, d'où les curiosités tirent leur valeur. C'est le plaisir de l'esprit. Pour l'obtenir, il faut avant tout que l'artiste se forme l'idée la plus élevée des Arts, en les considérant comme des miroirs où doivent se réfléchir et se concentrer toutes les perfections de la nature. S'il se persuade que l'imitation entre ses mains n'est pas un jouet destiné au passe-temps de la société, mais un moyen d'instruction pour elle, ce noble sentiment influera sur le caractère de ses inventions, de ses pensées et de leur exécution.

Cette haute destination donnée aux Arts, et proclamée par ceux qui sont appelés à les protéger, en sera le plus sûr encouragement. Ainsi le Souverain qui repoussa de son palais, comme de vains objets de curiosité, des peintures dont les sujets étaient l'expression d'une nature vulgaire, donna la meilleure de toutes les leçons, et à ceux qui cultivent les Arts du Dessin, et à ceux qui sont chargés de les faire fleurir. Il apprit aux uns et aux autres que le plaisir qu'il faut demander aux Arts est un plaisir intellectuel, est celui que trouve l'esprit dans l'intuition de toutes les perfections, de toutes les beautés de la nature physique et morale. Il leur apprit que, si les jouissances de l'imitation se trouvaient bornées à celles que reçoit l'instinct ou le sens extérieur, les Arts n'auraient au fond rien de supérieur aux exercices frivoles qu'on appelle des jeux, et qu'enfin l'utilité, qui doit être le point de vue de l'Art, est l'utilité morale.

On n'entend pas au reste, par ces derniers mots, que les sujets de l'imitation ne doivent présenter que des moralités. Ce serait beaucoup moins étendre que restreindre sur cet objet l'idée de *moral* en fait d'Art. Pour être utile de la manière dont il s'agit, on n'exigera pas du tableau qu'il représente toujours un trait d'héroïsme ou de vertu ; du poëme qu'il cache sous ses allégories, des préceptes utiles à la conduite de la vie ; que les traits de la statue soient ceux d'un homme vertueux ; que sa composition rappelle une belle action ou un trait de bienfaisance. Le *moral*, dont cette théorie veut donner l'idée, ne signifie que l'opposé du matériel ou du sensuel. Ainsi l'Art et l'ouvrage sont utiles, d'une utilité morale, quand l'imitation, au lieu de viser uniquement au plaisir des sens, a pour effet spécial d'agrandir la pensée, de réveiller en nous de nobles affections ; quand elle est telle, que la vue des objets imités nous donne des idées nouvelles, étend celles que nous avions déjà des beautés de la nature. L'imitation morale est celle qui nous procure des jouissances morales, ou autrement de ces jouissances qui appartiennent à l'esprit.

C'est dans ce sens qu'il est vrai de dire que l'imitation la plus idéale sera aussi la plus morale.

On avouera que le choix du sujet de l'ouvrage,

s'il est lui-même en rapport avec le genre d'une semblable imitation , en augmentera le mérite. Cette utilité abstraite n'en produira que plus certainement son effet , si elle peut se trouver réunie dans une application usuelle avec l'intérêt positif d'une nation, avec ses institutions pratiques , avec les points habituels de sa croyance et de ses dogmes.

Sans doute ce fut pour les Arts de la Grèce une heureuse sujétion , que celle qui , dès l'origine, força ses artistes d'appliquer l'imitation corporelle de la nature aux plus idéales combinaisons de la pensée. Sans doute , d'aussi hautes destinations ne peuvent plus inspirer aujourd'hui le génie de nos artistes. Il n'existe plus pour eux ce monde tout à la fois réel et imaginaire , ce peuple d'êtres abstraits , dont les corps ne devaient être que des enveloppes, si l'on peut dire , transparentes , de toutes les perfections immatérielles. Il est détruit pour eux cet empire des fictions, où la fantaisie se lassa plutôt de produire , que l'Art de réaliser les images du beau. Il n'y a plus d'Olympe où l'esprit exalté puisse s'élever sur les ailes d'une foi poétique, pour en faire descendre sur la terre les images d'une perfection surhumaine. Mais si de nos jours le talent a moins de secours pour se

diriger dans cette route morale de l'imitation,
c'est une raison de plus pour ceux que touche le
soin d'une si noble direction, d'apporter dans l'encouragement des parties diverses de l'imitation
ce discernement éclairé de tous les moyens propres
à faire prévaloir les destinations qui ennoblissent
les Arts, sur celles qui les dégradent.

Qu'on se garde surtout d'assimiler leurs productions à celles qui, soumises aux caprices de
la société, reçoivent du pouvoir de la mode cette
valeur du moment, que la nouveauté donne aux
objets qu'elle crée et détruit en un jour.

Il y a entre les Arts du luxe et les Arts du
génie la même distance qu'entre le goût du luxe
et le goût du beau.

Le premier, ou tient à la vanité qui n'aspire
qu'à se distinguer, ou provient de la satiété d'un
appétit qu'on ne peut réveiller que par les chan-
gemens. Le second ne connaît ni le besoin factice
des distinctions, ni le dégoût de ce qui est son
aliment ordinaire. Ce qu'il a voulu un jour, il le
veut tous les jours. Le goût du luxe tient au principe sensuel, le goût du beau au principe moral.
Or, ce qui est sensuel est variable à l'infini; ce

qui est moral repose sur des fondemens durables. Satisfaire le goût du luxe, c'est lui présenter sans cesse des combinaisons dont aucune cause. ne peut perpétuer la durée. Il est tellement dans la nature de la mode de varier, qu'elle cesserait d'être, si elle continuait d'être : et on doit en dire autant du plaisir qu'elle donne. Il est au contraire dans l'essence du goût opposé, que le changement y détruise le plaisir, puisque le plaisir qu'il donne repose sur le vrai ; car contre quoi changer le vrai ? Ainsi ce qui excite l'appétit dans les Arts du luxe, est ce qui amène le dégoût dans les Arts du génie. Ainsi les Arts d'imitation et les Arts du luxe, partant de deux principes contraires, servant des maîtres différens, ne peuvent avoir rien de commun dans leurs moyens de plaire.

C'est vicier dans leurs élémens les Arts d'imitation, que de les gouverner ou de les laisser se régir par les idées, les usages et les opinions favorables aux Arts de luxe. Chaque chose veut être dirigée selon le régime analogue à son principe. On peut laisser le goût s'égarer et prendre au hasard sa direction dans la région des fantaisies qui n'amusent que les yeux. Mais on ne saurait trop, dans l'empire des jouissances de l'esprit, ramener le talent des artistes, et l'opinion du public à la seule route véritable, celle de la perfection, qui est leur destination principale.

Il suit de là que c'est se méprendre sur la destination de ces Arts, que de les appliquer au futile emploi d'amuser le sens extérieur du commun des hommes. Il suit de là que toute manière de les considérer sous ce rapport vulgaire, soit de la part de l'artiste, soit de la part de l'amateur, tend à les dégrader, ce qui est pire que de les détruire. Mieux vaudrait pour eux un délaissement total qu'une protection avilissante.

En vain la manie d'un luxe puéril multiplierait-elle pour l'artiste les occasions de produire; privés de ce principe fécond qui seul peut leur communiquer une existence durable, les ouvrages de l'Art ne seraient plus que comme ces matières façonnées, dont la valeur survit à peine à l'instant qui les voit naître. Il paraîtrait une multitude de productions légères, fruits d'une pratique habile à les multiplier; on y vanterait ou la facilité du travail, ou la dextérité de l'outil, ou l'habileté de l'exécution. La nature et la vérité y seraient remplacées par des manières de convention aussi variables dans leurs élémens que passagères dans leurs effets; on y chercherait vainement ce qui est le vrai but de l'imitation ; aucune destination moralement utile n'y aurait établi de rapports avec les besoins, avec les affections publiques de la société. Les yeux, prompts à se lasser d'objets muets pour le cœur et pour l'esprit, solliciteraient de nouveaux plaisirs aussitôt usés qu'obtenus. Bientôt la monotonie d'une stérile variété persuaderait que le génie est épuisé, et tout un siècle aurait passé, sans presque léguer en ce genre, au siècle suivant, un monument honorable de son existence.

Tel serait l'effet de l'opinion dépravée, qui, assimilant les Arts d'imitation à ceux d'une industrie frivole, ferait perdre de vue la destination morale des Arts et de leurs ouvrages, ainsi condamnés à ne devenir que des objets de luxe.

Pline s'élevait de son temps, chez les Romains, contre cette fatale influence de l'esprit de luxe sur la destinée des Arts. Depuis qu'on ne les destine plus, disait-il, à être la représentation de l'âme, l'artiste néglige aussi la représentation du corps. *Artes desidia perdidit ; et quoniam animorum imagines non sunt, negliguntur etiam corporum.* Ainsi, selon lui, la perfection corporelle de l'imitation dépendait de sa destination morale. Effectivement, dès que la beauté du corps où le beau physique est le vrai moyen de rendre sensible le beau moral, si l'on cesse d'imposer à l'Art l'obligation d'exprimer la partie morale, qui est l'âme de l'ouvrage, aussitôt cesse pour lui la nécessité de s'élever à toute la perfection de la partie physique. Les figures, devenues des signes sans valeur, perdent le principe de vie qui leur est propre, le mobile de leur action sur le spectateur. L'imitation des corps doit dégénérer, à mesure que les corps sont dispensés d'être l'image de l'âme. La cause cessant, l'effet disparaît.

———

On ne saurait se dissimuler que les principes moraux, dont il semble qu'on ait pris à tâche d'affoiblir ou de détruire l'influence, dans toutes les institutions sociales, n'aient aussi été négligés dans le régime des Arts. Une nouvelle manière de les considérer en a fait perdre le point de vue moral : et c'est à cette manière de voir, si l'on peut dire, *matérialiste*, qu'il faut attribuer ces froids systèmes d'encouragement, qui consistent à commander aux artistes des ouvrages sans emploi, sans destination déterminée.

Le fait seul d'un tel genre d'encouragement montre déjà le mal dont je parle, et, loin de le guérir, il l'aggrave : il prouve que les productions des Arts n'ont plus de cours dans la société. En effet, dès qu'elles ne passent plus que pour objets de luxe, · elles ne peuvent pas rivaliser long-temps avec toutes les autres sortes d'inventions de l'esprit de frivolité. A quelque dégré de variété que le génie de l'imitation porte ses combinaisons, elles seront toujours infiniment bornées, auprès de celles des Arts frivoles, qui n'imitent rien, et celles-ci seront toujours bien moins dispendieuses. La seule différence de valeur pécuniaire est au désavantage des produits de l'imitation ; j'ajoute que plus leur mérite moral s'affaiblit, plus leur débit commercial doit diminuer. On conçoit qu'un homme paye d'une partie de sa fortune l'ouvrage du génie ; il y trouve des jouissances infinies. Après des années de possession, l'esprit n'a pas encore épuisé toutes les manières de l'admirer. Mais quelle dépense plus perdue, que celle d'ouvrages dans lesquels l'œil trouve à peine à se satisfaire ! L'œil est, de tous nos sens, celui qui se lasse le plus promptement : il dédaigne bientôt des objets qui, au défaut de ne pas plaire, ajoutent celui de ne pouvoir être ni changés ni remplacés facilement. On se dégoûte de ces futilités dispendieuses, et les artistes restent sans travaux.

Alors prend naissance la méthode d'encouragement, qui achève de détruire les talens qu'elle prétend soutenir. Comme si les arts d'imitation consistaient dans des procédés mécaniques, qu'il importe de ne pas laisser tomber en désuétude, on consacre à leur soutien, de même qu'à celui d'une manufacture, des sommes qu'on échange contre leurs produits. Ainsi, on commande à l'artiste des tableaux et des statues sans destination, comme on commande au fabricant des fournitures de vases ou de meubles, auxquels on cherchera un emploi.

Mais ce meuble, ce vase, n'ont aucun rapport avec nos affections morales. Qu'importe à l'ouvrier sa destination ? Son art se réduit à une perfection mécanique : s'il l'a donné à son travail, il a rempli son objet, et en recevant l'ouvrage, l'acquéreur reçoit l'équivalent de sa dépense.

En est-il ainsi des productions du génie ? suffit-il de les commander pour les obtenir ? et les obtient-on avec de l'argent ? Non, c'est au sentiment de l'artiste qu'il faut les commander, et le sentiment seul commande au sentiment. Si vous n'intéressez point ce principe créateur des belles choses, si vous ne stimulez point ce noble désir de perfection, qui est l'âme du talent, le talent restera inerte. Comme il y a deux qualités dans l'art, il y a deux facultés dans l'artiste : l'une mécanique, l'autre morale. Il convient sans doute de s'adresser à celle qui a le plus besoin de l'autre. Or la partie matérielle de l'Art nuit trop souvent à la recherche de la partie morale, et se produit d'ailleurs trop souvent sans elle. Celle-ci, au contraire, a besoin, pour se développer, de la partie matérielle, et en exige le concours. Il faut donc favoriser celle des deux qui, seule, peut nous faire jouir du complément de l'Art.

Ainsi c'est se tromper d'adresse, si l'on peut dire, que de demander des productions au génie, avec les moyens qui sont sans rapport avec lui. Une erreur toute semblable serait celle de solliciter les produits de l'industrie, par ces ressorts de gloire et de noble ambition qui y sont étrangers.

Le vrai système d'encouragement de chaque genre d'ouvrage consiste dans le choix des moyens correspondans à l'esprit de chacun. L'intérêt suffit pour éveiller l'industrie. L'honneur et l'amour moral des œuvres du génie suffiraient, sans l'intérêt, pour les faire éclore ; mais il faut que cet amour soit général et devienne une passion publique. C'est alors qu'elle se communique à l'artiste, qui en rend les fruits avec usure.

N'en doutons point, outre les lumières du savoir, outre cette expérience sur laquelle se fondent les moyens d'exécution, outre les acquisitions de l'étude, il faut à l'artiste, pour produire de beaux

ouvrages, une puissance d'amour que rien ne sup-
plée, et qui est elle-même le supplément de beaucoup de facultés.

On les reconnaît, ces heureuses productions,
fruits d'une sensibilité profonde, à cela surtout, que
ce qui est le but des efforts du grand nombre, le
mérite de l'exécution, y semble être né sans peine
et de soi-même, semble n'y être qu'un moyen
facile de communication entre l'âme de l'auteur et
celle du spectateur. Les difficultés de l'Art semblent
avoir disparu, avoir cédé à une puissance supérieure. Dans ces beaux ouvrages, la science ne vous
frappe qu'après que le sentiment de l'auteur vous
a touché, et de la manière propre aux grands
écrivains, chez qui la beauté du fond nuit en
quelque sorte à l'admiration de la forme.

Cette manière est celle du génie dans tous les
genres. Quand une grande force de tête, ou une
sensibilité profonde, caractérisent l'artiste, ses
ouvrages, produits d'une intelligence supérieure,
ou d'une âme passionnée, sont doués de la préro-
gative de maîtriser notre entendement, ou de
subjuguer notre cœur. On les admire, on les aime
par force ou par passion, c'est-à-dire, sans vouloir
se rendre compte des raisons qui leur donnent
sur nous cet empire : c'est le signe du véritable

amour. Tel est même le caractère distinctif de ces ouvrages, que le connaisseur n'ose se permettre d'en vanter l'exécution. On craindrait de paraître n'en être touché que par le moindre côté; tant il est vrai qu'il y a une vertu supérieure à la vertu de la science; c'est celle qui la fait oublier. Cette vertu dérive de l'amour que l'artiste n'excite pour son ouvrage, qu'autant que par sa destination l'ouvrage fut propre à inspirer l'artiste.

L'INSPIRATION dont je parle, je ne nie pas que l'artiste ne puisse quelquefois en être uniquement redevable à sa propre sensibilité; que le choix qu'il aura fait d'un sujet, dans l'absence même des causes dont j'examine le pouvoir, ne soit capable d'éveiller son imagination; que par une heureuse fiction enfin, il ne puisse supposer à son ouvrage un accompagnement imaginaire d'accessoires, et toutes ces circonstances dont la perspective est si utile au talent. On citerait sans doute quelques exceptions de ce genre. Mais je parle ici de ce qui fait règle, de ce qu'on doit obtenir sans effort, c'est-à-dire, par les moyens naturels et faciles de donner à l'artiste la plus noble opinion de son Art, de lui inspirer la plus haute et la plus juste idée de l'ouvrage qu'il traite. Or, il est certain que cette juste

appréciation des convenances, que le sentiment
du ton propre et de la mesure de chaque sujet,
doivent résulter autant de la connaissance des
rapports de l'ouvrage avec une destination précise,
que de la prévoyance des impressions que cette destination est appelée à produire. Généralement, tout
ouvrage dénué de la perspective d'un emploi moralement utile ne saurait procurer à l'âme de
l'artiste, ou du spectateur, cette passion qui exalte
le talent de l'un et l'admiration de l'autre.

Oui, ces causes, en apparence étrangères à l'Art,
agissent plus qu'on ne pense sur le génie de l'artiste. L'opinion qu'il se fait de la destination de
son ouvrage, lui impose l'obligation de le mettre
d'accord avec les effets que le public est en droit
d'en attendre. Est-ce que la pensée ne s'agrandit
pas ? est-ce que l'effort ne se double pas, par la
nécessité de se mettre au niveau d'une destination
noble et relevée? S'il n'est pas indifférent à l'orateur et au poète de connaître ou d'ignorer la
scène où leurs compositions doivent se produire,
l'artiste a encore plus besoin de savoir quel est
le théâtre destiné à recevoir son ouvrage. Héro-
dote, en composant son histoire, se croyait en
présence de l'assemblée des jeux olympiques, et
le public est toujours devant les yeux de l'écri-

vain. Oui, l'application spéciale de l'ouvrage d'Art à un emploi déterminé est pour l'artiste ce qu'est la représentation scénique pour le poète dramatique. Ce n'est que de nos jours qu'on a imaginé des drames pour la lecture, et des cabinets pour les ouvrages des artistes vivans.

Je demande si le lieu où l'on parle, si la qualité des auditeurs, si le genre du sujet, ne déterminent pas les qualités de l'éloquence. Je demande si le discours de l'orateur, qui n'est autre chose que l'expression des sensations qu'il éprouve, ne reçoit pas de ces circonstances, des modifications variées ; et je le demande encore, y a-t-il pour l'orateur quelque moyen de supposer, de suppléer ou de feindre une disposition dont l'influence détermine et l'ordre de ses pensées, et la forme de son style, et le caractère de ses mouvemens ? Que l'on compare à cette éloquence, inspirée par la nécessité ou la nature des choses, ces déclamations compassées de l'Art du rhéteur, on aura la distance qui sépare les ouvrages de l'Art inspirés par l'importance de leur emploi, d'avec ces productions de commande sans objet, corps presque toujours sans âme, simulacres vides, privés d'action, de sentiment et de vie.

Faire vivre les Arts, c'est rendre leurs ouvrages

utiles, ce qui est fort différent de faire vivre les artistes par des ouvrages qui ne le sont pas. Il y a donc des espèces d'encouragement qui s'adressent à l'artiste sans aller jusqu'à l'Art : de ce nombre, je le soutiens, sont ces travaux commandés sans besoin, et qui n'imposent à celui qu'on en charge que l'obligation de s'acquitter d'une dette, ou de consommer un échange.

Je n'ignore pas ce qu'on peut dire en faveur de la méthode d'encouragement que je combats. On alléguera quelques exemples d'ouvrages estimables dus à cet usage ; et je l'avouerai aussi. Comme il y a des êtres mal conformés, que le meilleur régime ne peut faire vivre, il y en a aussi de privilégiés, qui échappent aux plus pernicieuses influences. De même, en fait d'institutions, les pires et les meilleures ne font ni tout le mal ni tout le bien qu'elles devraient faire. Si l'institution dont je parle avait quelques bons côtés, elle n'en serait que plus dangereuse. Quoi qu'il en soit, rien ne peut affaiblir cette double vérité, qu'il est, d'une part, impossible de produire les impressions qu'on n'a point éprouvées, et de l'autre, qu'en fait d'Art, il est impossible d'éprouver une forte impression sans la communiquer.

Si cela est, le vrai secret pour obtenir des ouvrages capables de produire de grandes et fortes impressions, doit être de faire en sorte que l'artiste en reçoive lui-même de la nature et de l'emploi de son ouvrage. Or quelle source d'impressions plus féconde pour lui, que ces grands rapports d'utilité générale, que cette correspondance des sentimens publics avec les sujets qu'il traite, que cette nécessité de s'élever, dans l'ouvrage destiné à être la propriété de tous, aux idées de perfection et de beauté que tous ont le droit d'exiger?

L'homme n'est pas aussi capable qu'on semble aujourd'hui le croire, de s'élever tout seul. Il lui faut, quoi qu'on en dise, un ressort qui le soulève, un aiguillon qui le stimule. Ce ressort et cet aiguillon, je les trouve sans force et sans pointe, dans ces sortes de répartitions de travaux à domicile, qui, comme des secours alimentaires, ne font qu'entretenir la vie sans donner de la force, conservent le feu sans le faire briller, et ne portent que la tiédeur dans les opérations du génie.

Si, quittant ces considérations générales, on veut faire l'application du principe de la destination des ouvrages à la manière particulière dont l'abus influe sur les habitudes même de l'artiste, et la direction de son talent pratique, on se

persuade encore mieux combien il importerait de
soustraire les Arts à cette vicieuse méthode de les
envisager et de les pratiquer. C'est peut-être, plus
qu'on ne le pense, à cet abus de l'opinion qu'on
doit la monotonie habituelle de manière que les
artistes contractent naturellement, lorsque, bornés
à la petite émulation, qui est celle de l'école, ils ne
se donnent d'autre horizon que celui de leurs voi-
sins, d'autre tâche que celle d'y atteindre. Les
études de l'école sont utiles, mais il ne faut pas
que ses erremens s'étendent au-delà de son enceinte. On peut toute sa vie étudier dans les ouvrages qu'on fait, pourvu qu'on ne fasse pas toute
sa vie des ouvrages pour étudier. Surtout il ne faut
point qu'on voie reparaître dans l'âge d'un talent
qui doit être formé les petites prétentions d'une
ambition scholastique, cette habitude de ne se comparer qu'à d'anciens condisciples; chacun doit enfin marcher avec son allure, et voler de ses ailes.

Or, rien n'entretient tant les habitudes retré-
cies dont je parle, que ce genre de travaux sans
destination, dans lesquels l'artiste, dénué de toute
autre perspective, n'imagine rien de mieux que
d'en faire des objets de parallèle avec ceux de ses
émules ou de ses maîtres. Ces travaux, en rabais-
sant l'ambition, rapetissent le talent, et en rap-

prochant trop le but, diminuent l'effort. Chacun ne regarde qu'autour et à côté de soi. Plus de hardiesse dans la pensée, plus de caractère propre. De là ces générations abâtardies d'ouvrages sans originalité.

J'ai entendu alléguer, en faveur du genre d'encouragemens ou de travaux qu'on appelle *libres*, cette indépendance dont on dit que le talent est jaloux, et dont on prétend qu'il n'use pleinement que lorsqu'il traite des sujets sans destination. Oui, je conçois que le talent repousse les lisières et toutes les contraintes d'une direction avilissante ; je conçois qu'il veuille marcher seul, et avec toute la liberté qui convient à son action : mais c'est se méprendre sur l'idée de la liberté en ce genre, que de la croire gênée par une destination prescrite à l'ouvrage. Puisque la condition de tout ouvrage doit être d'en avoir une semblable, et puisque la vocation du talent est de la remplir, comment le génie se trouverait-il comprimé par la cause même qui le développe? Je ne sais; mais il me semble que la prétendue liberté des travaux dont il s'agit, ressemble beaucoup trop à celle qu'accorde l'indifférence.

Fâcheuse liberté que celle-là. Combien ne citerait-on pas d'emplois difficiles, et qui n'ont servi qu'à faire triompher le talent ! Le génie, comme l'amour, veut quelques obstacles ; l'un et l'autre s'accroissent par les contrariétés. Trop d'aisance aussi nuit à leur essor ; et c'est mal servir leurs intérêts, que de les affranchir de tout lien.

Est-ce donc enchaîner l'athlète, que de lui montrer un but, quand on lui ouvre une carrière ? Pour être déterminée, la course en est-elle moins libre ? Le musicien se croit-il gêné dans ses compositions, parce qu'on exige de lui qu'il les mette en accord avec le sujet donné, soit d'une fête, soit d'une cérémonie religieuse, soit de telle ou de telle autre action dramatique ? Au contraire, l'inspiration lui vient précisément même de cette sujétion. Ces rapports nécessaires, qui s'établissent dans son imagination, entre la convenance de ses chants et celle du sujet auquel ils sont destinés, semblent le contraindre, et ne font que le seconder. Qu'on imagine une composition musicale libre de toutes les entraves des causes extérieures, locales ou accessoires, je crains bien qu'affranchie de toute gêne, elle ne s'affranchisse aussi de tout caractère. Ou je me trompe fort, ou elle ressemblera beaucoup à ces tableaux faits on ne sait pourquoi, pour être placés on ne sait où.

Tout ce qui fut ainsi produit porte avec soi une

empreinte d'inutilité, dont l'effet ne peut être dissimulé : ainsi le veut la nature. Tout ouvrage sans objet se conçoit sans passion, s'exécute sans chaleur, et se voit sans intérêt.

Rien au contraire n'agit sur l'âme de l'auteur, et ne réagit sur celle du spectateur ou de l'auditeur, comme cette puissance d'impression qui résulte de l'accord positif et sensible des objets d'Art et des sujets de l'imitation avec leur destination. Ce point de direction donne à toutes les parties d'un ouvrage, à sa conception comme à son exécution, une sorte d'harmonie morale, que ne saurait produire le seul effort de l'imagination livrée à elle-même et privée de cet appui. De là naît l'obligation d'un caractère mieux prononcé, d'un ton plus décidé, d'une manière moins banale. Alors l'artiste est véritablement forcé d'entrer dans le fond de son sujet, d'en parcourir tous les rapports, d'en saisir toutes les convenances ; alors il le voit avec une clarté plus grande : ses idées acquièrent plus de précision, ses moyens ont plus d'énergie, parce qu'un but plus fixe leur donne une tendance plus directe.

Moins il entrera de ces causes dominantes, de ces raisons impérieuses, de ces principes efficaces et déterminans dans la production des ouvrages de

l'Art, moins il s'y fera sentir d'action, de chaleur
et de vie.

En vain l'artiste croirait pouvoir corriger le vice
ou remplir le vide que produit et fait éprouver
dans les ouvrages, soit le manque de destination,
soit l'inutilité de l'emploi, par la recherche de ce
qu'on appelle le mérite de l'étude; ce mérite, qui
sans doute a sa valeur, sera toutefois d'une faible
ressource contre l'abus dont je parle; j'irai même
jusqu'à dire qu'étant un des effets de cet abus,
il ne corrigerait le mal que par un autre mal.

Le mérite de l'étude, ou ce qu'on appelle ainsi
dans les ouvrages d'Art, n'est trop souvent autre
chose, qu'une démonstration affectée du savoir de
l'artiste. Or, s'il est une règle infaillible, c'est que,
pour plaire, n'importe en quel genre, il faut en
dissimuler les moyens; à plus forte raison, s'il
s'agit de plaire par la science, convient-il de la
cacher. Tout apprêt, toute affectation dans les ressources de l'Art, est un piége maladroitement
tendu, auquel l'esprit refuse de se laisser prendre.

Si le savoir ou le mérite de l'étude est le but
unique de l'ouvrage, ce n'est alors qu'une œuvre
scholastique, qui ne doit pas sortir du cercle des
écoles. Cela même le fait connaître comme essen-

tiellement privé de tout rapport avec toute autre destination. On peut le louer et l'admirer dans la place qui lui convient; mais on est forcé d'avouer que tel ne doit pas être le but général des travaux de l'artiste.

Le trop d'estime pour ce qu'on nomme *les morceaux d'étude* provient, et d'une fausse manière d'envisager la science, et de l'erreur si commune en ces matières, erreur qui consiste à confondre la fin avec les moyens, ou, ce qui est pire encore, à exiger d'un seul moyen l'effet qu'on doit attendre du concours de tous. Nul doute que la science ne soit un des moyens par lesquels l'ouvrage de l'Art plaît; sans elle, il est incapable de nous fixer: mais il y a aussi le sentiment, qui est un autre genre de science, et sans lequel non-seulement l'ouvrage ne plaît pas, mais la science elle-même déplaît.

Il ne faut donc pas trop fortifier la puissance d'un ressort aux dépens de celle d'un autre : on doit ne pas perdre de vue que les effets de la science s'adressent à l'esprit, et que ceux du sentiment s'adressent au cœur. Or, comme la faculté qui sent est en nous plus active que la faculté qui raisonne, l'artiste qui vise à n'être que savant, manque d'autant plus à plaire, qu'il semble nous avertir qu'il y renonce et qu'il n'y veut point prétendre.

Tel doit être, ce me semble, le sort de ces ouvrages privés ou destitués d'emploi, et qui n'ont
reçu de la part de l'artiste d'autre destination que
de faire connaître qu'il sait ce qu'il sait, et comment il sait. Loin que ces sortes de productions,
considérées comme *morceaux d'étude*, tournent
au profit de l'Art et de l'artiste, elles atténuent les
qualités de l'un et les facultés de l'autre. Leur
effet ordinaire est d'inspirer au public une sorte de
dégoût pour elles, en excluant du droit d'en jouir
tous ceux qui ne professent point l'Art. Cette manière, devenue trop générale, a encore l'inconvénient de vicier les ouvrages même qui auraient
une destination morale, par l'abus d'une sorte
d'affectation scientifique, comparable au ridicule
des discours que leurs auteurs hérissaient jadis de
citations grecques et latines, attendu qu'ils les des
tinaient moins à instruire qu'à montrer combien
ils étaient instruits.

La science doit exister dans les productions de
l'Art, mais sans chercher à y paraître : elle peut y
paraître, mais ne doit pas se montrer. Malheur à
l'artiste dont le travail n'est pas de nature à plaire
à tout le monde ! Les belles choses sont celles qui
plaisent aux savans par le savoir, et, indépendamment du savoir, à ceux qui ne le sont pas : ce

qui signifie que le vrai talent est un composé de science et de sentiment.

C'est fausser la destination morale des Arts et de leurs ouvrages, que de leur donner pour but unique celui de satisfaire les savans, ce qui en définitif signifie exclusivement les artistes eux-mêmes. Mais les ouvrages des Arts ne sont point faits pour les artistes. J'irai jusqu'à dire que, si ceux-ci pouvaient être seuls juges de leurs travaux, seuls arbitres de la bonté des productions, seuls organes de l'opinion en ce genre, les Arts et le goût y perdraient plus qu'on ne pense.

Ceci a besoin d'explication. Rien ne semble effectivement plus désirable aux artistes que de travailler pour ceux qui sont le plus en état d'apprécier leur talent. J'en conviens; et j'avoue encore que le suffrage des artistes serait le seul équitable, le seul digne d'envie, si tous réunissaient le mérite de la science et le don du sentiment. Malheureusement l'expérience prouve que la réunion des deux qualités est le partage du petit nombre. Bien plus, il faut dire qu'il est dans la nature des artistes de juger en artiste, c'est-à-dire, de faire prévaloir dans leurs jugemens, comme dans leurs ouvrages, le mérite du savoir et de l'exécution. Au contraire, il est dans

la nature du public, ou des hommes étrangers à
la pratique des Arts, d'y considérer et d'y applau-
dir par-dessus tout les qualités qui correspondent
au sentiment.

S'il devait donc arriver que les artistes fussent
obligés de ne travailler que pour les artistes, et
dans la seule vue de plaire aux savans, ou je me
trompe fort, ou la partie de la science et de l'exécution serait bientôt la seule en considération.
L'obligation de satisfaire des juges si habiles à dis-
cerner les fautes ferait qu'on n'oserait point s'ex-
poser à en commettre ; que, renfermé dans une
timide circonspection, on redouterait de se livrer
à ce sentiment, qui souvent ne produit les grandes
beautés qu'aux dépens de grands défauts ; qu'on
dirigerait ses efforts vers la pratique d'une exécution péniblement étudiée ; qu'on perdrait de
vue peu à peu, et le but moral des Arts, et les
routes qui y conduisent, qu'enfin on ne ferait
plus que des *morceaux d'étude*.

A tout prendre, il me semble plus avantageux à
l'Art que l'artiste soit obligé de travailler pour ce
qu'il appelle les ignorans (ou le public), c'est-
à-dire pour des juges qui veulent, avant tout, être
affectés moralement. Ne pouvant plus alors regarder l'étude et la science comme l'objet unique de

son ouvrage, il apprend à les employer ainsi qu'ils doivent l'être, comme des moyens dont la valeur dépend de l'effet qu'ils produisent. Alors il ne borne plus l'emploi de la science et de l'étude à faire montre d'étude et de science; mais elles deviennent pour lui ce qu'elles sont réellement, un des ressorts de cette puissance imitative, dont le triomphe est d'émouvoir le cœur et de satisfaire l'esprit. Les deux principes de l'Art retrouvent ainsi leur équilibre, et rentrent dans l'ordre qui convient à chacun. La destination morale de l'Art a repris l'empire.

Ce qu'on vient de dire sur cette direction abusive des Arts, qui détourne les artistes du point de vue d'utilité morale, sous lequel leurs ouvrages devraient être produits, s'applique aussi aux amateurs qui les jugent. Naturellement l'usage de considérer comme sujets ou objets d'étude les productions de l'Art habitue à n'y estimer que la partie technique ou le travail, et finit par les réduire au seul emploi d'exercer la critique.

Tout devient ici réciproque entre les artistes, et ce qu'on appelle soit les amateurs, soit les connaisseurs. De la vicieuse manière d'envisager, d'en-

courager et de pratiquer les Arts, procède la manière non moins abusive de les apprécier. L'insigni-
fiance des ouvrages produit celle des jugemens.

Comme il n'y a que les causes morales , ou les
emplois moralement utiles de l'Art et de ses ouvrages, qui imposent à l'artiste l'obligation de produire des impressions fortes ou profondes , de
même , ces impressions ne sont reçues du spectateur, que par l'effet d'une corrélation de sentiment
entre lui et l'ouvrage. Si ce dernier a une destination fixe, une application à un objet déterminé ,
le public a, pour juger de sa valeur, sous le rapport
moral (c'est-à-dire de l'effet qu'il doit produire),
un organe infaillible, celui du sentiment, de cet
instinct des convenances, le seul qui sache apprécier toutes les sortes d'harmonies morales.

Si l'artiste, au contraire, n'a voulu que faire
montre de son savoir , le spectateur n'apporte à le
juger que l'esprit d'une critique dénuée de sentiment , et correspondant à l'esprit dans lequel le
tout fut conçu et fut exécuté.

L'esprit de critique, dont je parlerai plus au long,
esprit destructeur du ressort qui fait produire les
belles choses , est, en grande partie dû à l'étrange
système qui a prévalu depuis quelque temps en
Europe. On s'est persuadé que le secret de faire

fleurir les Arts devait consister dans la vertu de ces rassemblemens d'ouvrages qu'on appelle *Collections , Cabinets , Muséum*. Toutes les nations en ont fait à l'envi. Chose singulière , qu'on ne se soit pas encore avisé de remarquer que les chefs-d'œuvre ou modèles , recueillis et amassés à grands frais , ont tous prééxisté aux recueils et aux amas de modèles , et que depuis qu'on a fait des Musées pour créer des chefs-d'œuvre , il ne s'est plus fait de chefs - d'œuvre pour remplir les Musées. Ne sait-on pas que Constantinople avait possédé dans les collections du palais Lausus et du Gymnase de Zeuxippe, les plus beaux recueils des ouvrages de la Grèce, sans que ces recueils aient donné naissance à un artiste Bizantin? Rome ancienne n'avait-elle pas eu précédemment les portiques d'Octavie, les galeries de la Maison d'or et du temple de la Paix? Et cependant l'histoire n'a pas conservé le nom d'un sculpteur romain. Les collections classiques destinées à l'instruction des élèves sont utiles sans doute , mais elles ne doivent pas être formées aux dépens de l'Art même, et pour cultiver le goût des amateurs, il n'est pas nécessaire de détruire la véritable école du goût. Cette école ne consiste pas dans ces rassemblemens universels des productions de tout genre. Cette école est partout où des ouvrages destinés à un emploi public sont livrés publiquement à la critique du sentiment, qu'exercent des juges mis en rapport avec le but que l'artiste s'est proposé. Le goût qui n'apprend à juger que dans les cabinets, ressemblera au talent qui travaille pour eux. C'est une nécessité que l'amateur juge comme l'artiste a exécuté. Ce qui a été fait sans le sentiment moral d'une destination utile, est reçu et jugé de la manière dont s'apprécient en tout genre les objets inutiles.

Or, peut-on mieux proclamer l'inutilité des ouvrages de l'Art, qu'en annonçant dans les recueils qu'on en a it la nullité de leur emploi. Les enlever tous indi tinctement à leur destination sociale, qu'est-ce autre chose, sinon dire que la société n'en a pas besoin? Et cependant, par une contradiction singulière, on prétend que c'est pour l'avantage des Arts et des artistes. Mais quel est donc cet avantage des artistes et des arts, qui n'est pas l'intérêt de la société? Les uns et les autres n'existent-ils pas pour elle et par elle?

Le but de tous ces rassemblemens d'ouvrages convertis en prétendus objets d'étude est, dit-on, de former des artistes qui, à leur tour, feront des ouvrages, apparemment pour augmenter ces rassemblemens. Cercle vicieux, véritablement bizarre (si cela devait durer long-temps), dans lequel les Arts, les artistes et leurs ouvrages tourneraient sans fin, pour l'usage de la societé qui n'en userait jamais.

Il y a évidemment méprise dans ce point de vue. Il faut que les ouvrages des Arts ne cessent pas de se reproduire ; mais cette reproduction doit être l'effet naturel, et ne saurait devenir l'objet de la destination qu'on leur affecte. Faire des ouvrages qui ne seraient destinés qu'à en faire exécuter d'autres, c'est une opération purement scholastique, et qui ne doit pas sortir du cercle de l'enseignement. Ainsi furent composés dans tous les temps ces morceaux en prose et en vers, destinés à servir d'exemple aux étudians. Mais comme on l'a déjà remarqué, les morceaux produits dans cette intention, ne sont pas ceux qui ont créé les poètes et les orateurs. Qui jamais imaginerait que ces exemples de commande puissent produire de grands talens, et que les vrais modèles eux-mêmes soient capables de seconder le génie, sans le concours des causes naturelles qui donnent l'être à l'éloquence et à la poésie ?

La manie des collections, et l'abus des ouvrages qu'on destinerait à les grossir, ont pour inconvénient principal, d'enlever aux Arts ce qui est leur légitime patrimoine, de les déshériter, en quelque

sorte , en les bannissant de tous les emplois politiques, religieux et moraux. Ce faux honneur fait
aux objets qu'on renferme avec tant de respect
les déprime dans l'opinion publique, plus qu'il
n'en relève le prix. On s'habitue à en juger comme
on juge d'un concours; on distribue les rangs entre
les artistes. On ne s'occupe plus qu'à comparer
dessin avec dessin , couleur contre couleur. On
calcule les beautés et les défauts, on fait une *balance*
pittoresque, et l'on place tout dans cette balance,
excepté les raisons et les causes qui ont influé sur
les qualités qu'on prétend soumettre au calcul.

De là une habitude pernicieuse, celle de ne plus
rien estimer, qu'en raison d'une perfection abstraite, de ne point vouloir de défauts, de ne pas
tenir compte des raisons qui excusent, et quelquefois légitiment ce qu'on prend pour une erreur,
et ce que les lieux, les circonstances et la faveur
des considérations qui s'y attachent, auraient fait
regarder avec admiration.

Sı les collections pouvaient ne présenter qu'un
recueil choisi de ce qu'il y a de plus parfait, on ne
craint pas de dire encore qu'un tel rassemblement,
en devenant excessif, produirait sur l'esprit du public un effet d'un autre genre, également désavan-

tageux aux arts. C'est que sur ce point, comme sur tout autre, l'excès des jouissances en amortirait le sentiment. Au moral ainsi qu'au physique, le goût s'émousse par l'habitude de sensations trop vives ou trop fortes. Celui qui ne verra qu'une élite de chefs-d'œuvre, perdra bientôt le sentiment de leur valeur. Ces chefs-d'œuvre, rassemblés en trop grand nombre, courront risque de paraître des objets vulgaires, le public leur portera moins d'admiration. La privation des degrés de mérite inférieurs, ne présentant plus à l'œil et à l'esprit cette échelle de comparaison qui fait évaluer les distances, le plus grand nombre des juges cesse de comprendre ce qui fait la difficulté, et tout à la fois le prix des ouvrages ou des talens supérieurs. Toute idée de relation se perd dans cet unisson. Bientôt arrive une sorte d'indifférence pour le beau, l'organe usé ne reçoit plus que des impressions faibles, qui laissent distinguer à peine le bon du médiocre.

La nature a voulu que le médiocre et le pire eussent leur utilité, dans l'échelle des points de comparaison qui servent à apprécier le bon. Pourquoi n'en arriverait-il pas ainsi dans le règne de l'imitation? On ne prétend pas par-là encourager les productions médiocres. Certes, on sait assez qu'elles n'ont pas besoin de l'être; mais on prétend qu'il y aurait de l'inconvénient à les supprimer, si l'on pouvait y parvenir. Puisque la nature veut qu'il y en ait, et puisqu'elle ne fait rien d'inutile, c'est en contrarier le cours, que de supprimer tous ces points intermédiaires, qui donnent à nos jouissances une vivacité plus grande, et à notre jugement des points d'appui plus sûrs.

Il faut poser en fait qu'un chef-d'œuvre en tout genre s'achète au prix de plusieurs centaines d'ouvrages médiocres. Ceci n'est pas un système, c'est un point d'évidence pour tout le monde. Il importe donc que beaucoup d'hommes produisent, pour qu'un petit nombre s'élève sur le grand nombre. Or, un autre inconvénient des collections d'élite devenues trop considérables, est aussi de trop apprendre aux amateurs quelle distance sépare les grands talens du temps passé, des talens de l'âge où l'on vit. S'il y a quelque justice dans ce jugement, il s'y mêle bientôt une prévention exagérée ; une sorte de superstition pour ce qui est ancien porte à condamner trop rigoureusement ce qui est moderne. On recherche avidement tout ce qui a l'empreinte de l'antiquité, et l'on dédaigne le nouveau parce qu'il est nouveau. De ce dédain, il arrive que les artistes produisent de moins en moins,

dès-lors l'espoir de chefs-d'œuvre nouveaux s'é-
vanouit de plus en plus.

Mais de tous les inconvéniens attachés à l'abus
des collections, le plus grand est celui de faire naître
et de propager, à l'exclusion de tout autre, l'esprit
de critique, esprit stérile et froid, qui, porté trop
loin dans le règne des Arts, y devient le principe
destructeur du goût et du sentiment. L'esprit de
critique dont je parle, procède de cette faculté
qu'on appelle le raisonnement, organe propre à
l'examen des choses faites, mais qui, par lui-même,
est incapable de faire ou de produire. Cultivé dans
une juste proportion avec cette autre faculté qu'on
nomme sentiment (organe propre à produire plus
qu'à examiner), le raisonnement rectifie, redresse
les opérations de l'esprit ; mais il est incapable de
lui donner ni l'action ni la vertu créatrice. La faculté qui raisonne est, de sa nature, improductive.
Appliquée exclusivement ou sans réserve à la direction des plaisirs de l'Art, comme des institutions de la société, la raison détruit et ne rebâtit
point, elle efface et ne remplace pas, elle produit
des systèmes, et en néglige les conséquences ; elle
dit les fautes, mais ne dicte pas les beautés ; elle

est le flambeau qui éclaire, mais non le feu qui vivifie.

L'esprit de critique dominant dans les Arts n'est autre chose que le pouvoir exclusif de la raison sur des objets essentiellement tributaires du sentiment.

Les collections, dit-on, ont la propriété de faire des amateurs éclairés qui apprennent à distinguer les âges, les écoles de l'Art, les manières de faire particulière à chaque maître. Quelques - uns, je l'accorde bien encore, y apprendront à raisonner sur certaines qualités techniques, sur quelque partie de la théorie, sur les causes des défauts ou des beautés de l'ouvrage. Mais pour quelques bons juges, combien de critiques incomplets s'habituent à n'apprécier qu'avec l'esprit les opérations du sentiment, portent le découragement chez les artistes, en leur inspirant la crainte de faire des fautes, au lieu de leur donner cette hardiesse qui les fait excuser ! A tout prendre, l'artiste a moins besoin de juges éclairés que d'amateurs passionnés. Le public, pour lequel il lui faut travailler, est le public qui sent, et non celui qui raisonne.

L'amour et la passion des ouvrages de l'Art, voilà ce qu'il importe de développer et d'exciter chez un peuple, pour fortifier chez l'artiste la puissance créatrice, qui réside dans le sentiment. Si quelque chose est capable d'étouffer chez l'un et chez l'autre le principe fécond qui produit les dons du génie, c'est l'esprit de critique, d'analyse et de méthode. Après s'être exercé sur les ouvrages faits, il exerce encore son empire sur ceux qui se font, et sur ceux qui se feront. Sans doute, s'il entre avec une juste mesure dans les opérations de l'artiste qui exécute, et de l'amateur qui juge, la culture des Arts en retirera quelques profits : mais qu'on ne s'y trompe pas, la serpe qui émonde est fort différente de l'instrument qui plante, ou de celui qui arrose.

Comme les collections des chefs-d'œuvre n'ont lieu qu'après les siècles qui ont produit ces chefs-d'œuvre, l'esprit de critique ne se développe aussi, qu'après que les chefs-d'œuvre ont été créés. L'abus des Musées, et l'abus de la critique naissent donc ensemble, et procèdent également d'un principe d'impuissance. L'un et l'autre tendent à créer une fausse admiration et des talens factices. Le trop de critique nuit autant aux productions de l'artiste qu'aux jouissances du public.

L'artiste, à force de s'habituer à craindre la critique, ne s'abandonne plus à l'essor naturel de son talent : il porte toute son attention, non à marcher, mais à savoir comment il faut marcher pour ne point faire de faux pas ; il compose ses ouvrages pour le public, non plus avec cet abandon du sentiment qui compte sur la sympathie d'un ami, mais avec cette contrainte qui calcule la sévérité d'un juge. De part et d'autre disparaissent et s'évanouissent, dans tous les Arts, et la faculté de produire, et la faculté de recevoir les impressions qui tiennent au sentiment, à ce charme d'illusion qu'éprouvent en tout genre les âmes novices.

Quelle différence entre les affections que produisent les représentations dramatiques dans le jeune âge, ou dans un âge avancé ! Trop de fréquentation du théâtre, comme l'on sait, ne laisse plus à l'habitué que le plaisir de la froide comparaison : il n'y a plus pour lui ni héros ni personnages réels ; il n'y a plus lieu de sa part à s'affliger, à se réjouir, à aimer, à haïr, à espérer ou à craindre ; ces sentimens sont usés : il juge l'acteur et non le héros, le rôle et non la situation, le récit plus que le discours, l'imitation plus que l'objet, et la manière d'imiter plus encore que l'imitation. C'est l'image de la différence du plaisir reçu par le jugement ou par l'imagination, dans tous les Arts, sous l'influence de l'esprit de critique. L'âme n'entre plus pour rien dans la manière de juger : tout le monde vise à être savant ou à passer pour l'être ; et comme c'est par le sentiment que jouit l'ignorant, on craindrait de le paraître, si l'on faisait profession de sentir. Comment d'ailleurs recevoir des impressions, quand on connaît de trop près les secrets qui les produisent, et quand on a placé le plaisir dans la connaissance de ces secrets? Personne alors ne veut plus rester au théâtre ; on veut assister à la pièce dans les coulisses : on ne veut plus jouir de l'Art ni de ses effets, mais seulement de ses ressorts ; on ne veut plus jouir, mais juger, parce que juger en ce genre, c'est jouir par le raisonnement.

Tel est l'effet infailliblement produit, à l'égard des Arts d'imitation, et de ceux qui en jugent, par l'excès des collections d'ouvrages qui, déplacés et enlevés à leurs anciennes destinations, ne sont plus que des sujets de critique, de simples objets d'observation pour l'esprit. Le public perd de vue, au milieu de ces collections, les causes qui firent naître les ouvrages, les rapports auxquels ils étaient soumis, les affections avec lesquelles ils demanderaient à être considérés, et cette multitude d'idées morales, d'harmonies intellectuelles qui leur donnaient tant de moyens divers d'agir sur notre âme.

Mais tout ce qui dérange les rapports des objets faits pour s'adresser à nous modifie aussi les im-

pressions qu'on en reçoit; et quand cela ne chan-
gerait pas les choses envers nous, cela nous change
envers elles; le résultat est semblable. N'observe-
t-on pas tous les jours que les mêmes actions, que
les mêmes personnes ne sont plus les mêmes, vues
dans des situations différentes? Ce qui, dans l'ordre
moral, rend la même chose admirable, indifférente
ou méprisable, tient souvent à si peu, que ceux qui
éprouvent quelle est la grandeur de la différence
dans l'effet, ne savent quelquefois comment exprimer la petitesse de la cause. C'est le *je ne sais quoi;*
et ce *je ne sais quoi,* qui souvent est tout pour le
sentiment, n'est jamais rien pour le raisonnement.

Les beaux ouvrages de l'Art, ceux qui furent
produits par le sentiment profond de leur accord
avec leur destination, sont ceux qui perdent le
plus, à être condamnés au rôle inactif qui les attend dans les cabinets. Ceux qui parlaient le plus
à l'âme et à l'imagination, sont ceux qui deviennent le plus muets pour elles. Et comment cela ne
serait-il pas? Pour l'empêcher, il faudrait, de la
part des spectateurs, un effort d'imagination, une
sensibilité dont on n'est guère capable dans ces
lieux où aucun sentiment accessoire ne prépare
l'âme, et ne la dispose aux affections correspon-
dantes à l'ouvrage.

Ce n'est que par hypothèse, ou par fiction, ou par le moyen d'une froide réminiscence, qu'il est possible d'éprouver, au milieu des collections d'ouvrages d'Art, l'effet moral de ces impressions heureuses qui, s'identifiant avec celles de la nature, font disparaître la main de l'Art sous le charme d'une illusion sentimentale. Tout ici, au contraire, vous parle de l'Art et de ses ressorts, des secrets de la science, des moyens de l'étude ; tout ici vous tient en garde contre la séduction. La curiosité et la critique sont là pour empêcher les émotions d'arriver jusqu'à l'âme ou d'y pénétrer.

Et quelles impressions (je parle de celles que produit et reçoit le sentiment) peuvent faire des ouvrages tellement pressés, et tellement mêlés, qu'aucun ne peut s'adresser seul au spectateur, ni au spectateur seul ? Comment pourrait-il se produire des impressions là où tout est nécessairement distraction ? Quel objet serait capable d'agir sur l'âme, lorsque tant d'objets divers se disputent nos sens ? Quand le raisonnement même nous forcerait d'accorder que ces morceaux, tout étrangers qu'ils sont devenus à leur destination, sont encore virtuellement capables de produire leurs anciennes impressions, qu'importe cette capacité sans application? Ce n'est plus un effet, que celui qui n'est pas reçu.

Il y a une loi générale de ẞnature, qui, liant le plaisir au besoin, veut que tout ce qui plaît soit utile, et que tout ce qui est utile soit agréable. Telle est la force de cette loi dans tous les ouvrages des Arts, que les choses les plus agréables en soi cessent de l'être ou de le paraître, alors que rien n'en montre la nécessité. Le plus beau des péristyles qui, dans un édifice, ne conduirait nulle part, n'y serait qu'un magnifique défaut. Les images poétiques accumulées sans nécessité, les plus rares agrémens de l'art du chant trop prodigués, lassent notre esprit et fatiguent notre oreille. Ce qui est vrai dans l'exécution des ouvrages l'est encore plus dans l'emploi qu'on en fait : j'ai besoin de les trouver utiles, pour les trouver tout-à-fait beaux.

Ce n'est pas que j'entende contester aux collections classiques des ouvrages de l'Art toute espèce d'utilité. A dieu ne plaise que, dans l'état actuel, on prive l'artiste de leur secours ! ce que je combats, c'est l'abus moral de ces collections, c'est leur excès, c'est le principe mal entendu de l'usage qu'on en fait. Qu'on ouvre des galeries à ceux des ouvrages que réclame l'enseignement, et dans lesquels le public, comme l'étudiant, trouveront à former leur goût et leur talent. Qu'on destine enfin des cabinets aux ouvrages classiques de l'Art ; mais qu'on ne destine pas tous les ouvrages de l'Art à n'être que des objets de cabinet.

Ce n'est pas ainsi, d'ailleurs, comme on l'a déjà dit, que sont nés ces chefs-d'œuvre dont on attend la reproduction. Ce n'est à aucune méthode de culture artificielle qu'on en est redevable. On les doit à la liberté de toutes les causes naturelles et nécessaires. On les doit à l'utilité de tous les emplois auxquels on s'est étudié depuis long-temps à les soustraire. Livrés à l'influence de toutes les destinations publiques et sociales, les ouvrages de l'Art repoussent l'un de l'autre. Trop souvent les cultures artificielles ne conservent l'individu qu'aux dépens du principe de sa reproduction.

Qu'on élève dans des pépinières des germes choisis, qu'on les cultive avec plus de soin, qu'on les acclimate, je trouve là l'image des institutions scholastiques propres à seconder la nature ; j'approuve les soins de l'agriculteur, pourvu que de là sortent des élèves qui aillent enrichir nos campagnes, orner nos jardins, embellir nos paysages.

Tel doit être l'effet des séminaires de l'Art. Que si leurs produits devaient être regardés comme ces plantes exotiques et curieuses qu'on n'ose livrer aux influences de l'air, certes, le soin qu'il en faudrait prendre serait la meilleure de toutes les raisons pour n'en prendre aucun.

Mais loin de nous cette pensée ; s'ils sont destinés à exciter d'heureuses idées, à rappeler de touchans souvenirs, à consacrer d'importantes opinions, à perpétuer, à propager de nobles sentimens et de hautes affections, la société et la philosophie en proclament l'utilité, en réclament le libre et public usage. Aux yeux du vrai philosophe, les Arts sont les historiens populaires d'un grand nombre de faits, d'opinions, de traditions, qui composent l'existence morale des nations. L'influence des monumens sur l'esprit, sur la mémoire, sur l'entendement, procède souvent moins de leur perfection même, que de leur an-cienneté, que de l'authenticité de leur emploi, que de leur publicité. Ces livres originaux, toujours ouverts à la curiosité publique, portent leur instruction au-dehors, et la communiquent sans réserve au sentiment qui les consulte sans effort.

C'est donc détruire ce genre d'instruction, que d'en soustraire les élémens au public, que d'en décomposer les parties , comme on n'a cessé de le faire depuis vingt-cinq ans; que d'en recueillir les débris dans ces dépôts appelés *Conservatoires*.

Par quel étrange contre-sens appellerait-on de ce nom ces réceptacles de ruines factices qu'on ne semble vouloir dérober à l'action du temps, que pour les livrer à l'oubli? Cessez, sophistes ignorans, de trouver du plaisir dans ces ruines ; oui, celles du temps sont respectables , celles de la barbarie font horreur. Les ruines du temps, ces monu-mens de la fragilité humaine, sont la leçon de l'homme , les autres en sont la honte. Cessez sur-tout de nous vanter l'ordre et l'arrangement qui régnent dans ces ateliers de démolition. A quelle triste destinée condamnez-vous les Arts, si leurs produits ne doivent plus se lier à aucun des besoins de la société , si des systèmes prétendus philoso-phiques leur ferment toutes les carrières de l'ima-gination , les privent de tous ces emplois que leur préparaient les croyances religieuses , les douces affections sociales , les consolans prestiges de la vanité humaine !

Ne nous dites plus que les ouvrages de l'Art se conservent dans ces dépôts. Oui, vous y en avez transporté la matière ; mais avez-vous pu trans-porter avec eux ce cortége de sensations tendres,

profondes, mélancoliques, sublimes ou touchantes,
qui les environnait. Avez-vous pu transférer dans
vos magasins cet ensemble d'idées et de rapports
qui répandait un si vif intérêt sur les œuvres du
ciseau ou du pinceau? Tous ces objets ont perdu
leur effet en perdant leur motif.

Le mérite du plus grand nombre tenait aux
croyances qui leur avaient donné l'être, aux idées
avec lesquelles ils étaient en rapport, aux accessoires qui les expliquaient, à la liaison des pensées, qui leur donnait de l'ensemble. Maintenant,
qui fera connaître à notre esprit ce que signifient
ces statues, dont les attitudes n'ont plus d'objet,
dont les expressions ne sont que des grimaces,
dont les accessoires sont devenus des énigmes?
Quel effet produit actuellement sur notre âme le
marbre désenchanté de cette femme feignant de
pleurer sur l'urne vide, qui n'est plus l'entretien
de sa douleur? Que me disent toutes ces effigies
qui n'ont plus conservé que leur matière? Que me
disent ces mausolées sans sépulture, ces céno-
taphes doublement vides, ces tombeaux que la
mort n'anime plus?

Déplacer tous les monumens, en recueillir ainsi
les fragmens décomposés, en classer méthodique-
ment les débris, et faire d'une telle réunion un

cours pratique de chronologie moderne ; c'est pour une nation existante, se constituer en état de nation morte ; c'est de son vivant assister à ses funérailles ; c'est tuer l'Art pour en faire l'histoire ; ce n'est point en faire l'histoire, mais l'épitaphe.

SECONDE PARTIE.

DE LA DESTINATION DES OUVRAGES D'ART, CONSIDÉRÉE DANS SON INFLUENCE SUR L'EFFET DE CES OUVRAGES ET LES IMPRESSIONS QU'ON EN REÇOIT.

C'EST par trop méconnaître le principe moral des impressions que produit l'imitation sur notre âme, et c'est trop présumer de la puissance de l'Art, que de juger ses ouvrages capables de produire, en tout temps, en tout lieu, les mêmes effets; comme si des sensations de la nature de celles dont il s'agit étaient des effets calculés qui dussent résulter constamment d'un principe mécanique, indépendamment de toute circonstance, et de tout concours de la part des causes moralement ou matériellement environnantes.

Et pourquoi les ouvrages de l'Art auraient-ils une propriété absolue de plaire, que n'ont pas ceux de la nature? Ce qui nous plaît, ce qui nous charme dans les productions de celle-ci, ne tient-il pas à une multitude d'accessoires et de rapports, dont le moindre dérangement détruit ou change à notre égard l'impression qu'elles peuvent faire ? Mais qu'on examine, en quelque genre que ce soit,

d'où dépendent l'impression du plaisir et la sensation du beau, l'on verra que c'est le résultat
d'une harmonie inappréciable, c'est-à-dire, d'un
nombre infini de combinaisons, dont la délica-
tesse échappe à l'intelligence. Rarement on par-
vient à les définir ; on jouit de leur présence sans
s'en rendre compte ; et c'est plutôt par leur privation que nous apprenons à les connaître. Il y
a ainsi beaucoup de choses que nous ne trouvons
qu'en les perdant, et dont nous n'avons que des
idées négatives. Ainsi, nous pouvons mieux dire
ce que n'est pas la grâce, qu'il n'est possible de
définir le charme de cette qualité, ni la cause qui
la produit.

La nature a attaché la faculté de plaire à une
multitude de causes inaperçues. Il en est d'autres
aussi que la théorie peut saisir.

Par exemple, qui n'a point remarqué combien,
dans tout ce qui nous émeut fortement, la nature
semble avoir pris soin de composer aux objets qui
nous touchent, un accompagnement de séductions
et d'analogies propres à nous concentrer dans l'effet qu'elle veut produire. Rien ne nous émeut,
qui ne remplisse entièrement notre âme. Toute
distraction détruit l'impression. Aussi avec quelle
surabondance les tableaux vivans de la nature

renferment les agens nécessaires aux sentimens qu'ils excitent! Quelle pleine et entière harmonie! quelle correspondance entre les causes et les effets! comme tout conspire à se mettre en intelligence avec une impression déterminée! Que de préludes, que de nuances, que de degrés conduisent notre âme à l'enchantement!

Moins il est au pouvoir de l'homme d'égaler la nature dans ses harmonies inimitables, plus l'Art a intérêt de réunir autour de ses ouvrages cet accompagnement moral des causes extérieures qui ajoutent au pouvoir de leurs charmes. L'artiste, sans doute, ne doit pas singer la nature, par la prétention à une illusion captieuse. Il ne s'agit point ici de lui disputer, par de faux semblans, la vie et la réalité, mais il y a aussi pour les ouvrages de l'Art une sorte de vie. Ils peuvent se considérer comme des êtres doués d'une espèce d'existence active, puisqu'ils font en petit ce que l'homme fait en grand, puisqu'ils imitent la plus noble des créatures dans la plus noble de ses facultés, celle de communiquer la pensée. Pourquoi les priver de tout ce qui rend leur action plus vive et leur langage plus clair? Pourquoi leur refuser cet accord d'impressions accessoires qu'ils tirent de l'utilité même de leur destination? Voilà la vie qu'il faut leur donner ou leur conserver ; voilà l'illusion qu'il faut leur accorder. Cette illusion est celle qui n'appelle à son aide que le concours des affections morales, celle qui, donnant à l'ouvrage un rôle nécessaire, détermine la nature de son action, et en renforce le jeu, par tous les moyens de séduction qui enveloppent le spectateur.

J'en appelle ici à l'artiste lui-même, lorsque, libre dans sa pensée, il se plaît à former l'idée de la beauté que son Art va produire, lorsqu'arbitre souverain des causes et des effets, il dispose de tous les moyens au gré de son imagination. Avec quelle complaisance ne réalise-t-il pas en idée tous ces charmes accessoires autour de son idole ! Avec quel soin il lui prépare ce cortége d'accompagnemens dont je parle. Tantôt il le place sous un bosquet que l'amour a tissu de myrtes et de roses. Tantôt il lui bâtit un temple qu'un bois sacré précède : les portes entr'ouvertes excitent le désir d'y pénétrer. Au dedans brille l'or, l'ivoire et la pourpre. Un voile mystérieux cache sa divinité. Au son des accords sacrés tombe le voile, l'encens fume, et au milieu des vapeurs d'un nuage religieux brille tout-à-coup la déesse. Telles, dans les sanctuaires d'Amathonte et de

Gnide, se montraient jadis, comme descendues du ciel aux yeux des mortels enchantés, ces immortelles images de la beauté, dont quelques souvenirs charment encore aujourd'hui notre imagination.

Mais quelle puissance de ressorts pour exciter le génie d'un artiste, que la perspective certaine d'un tel emploi de son ouvrage ! et aussi quelle puissance de moyens pour émouvoir la sensibilité du spectateur, que ce concours d'impressions ! Quel charme d'inspiration d'une part pour concevoir la beauté ! de l'autre, quelle vertu d'illusion morale en renforçait le pouvoir et devait en accroître l'effet !

C'est en vain que, dans les froides spéculations d'une théorie scholastique, on s'imaginerait pouvoir retrouver les secrets de l'Art antique, et de cette beauté que nous envions au peuple qui nous en a transmis les modèles. On peut, par l'observation, retrouver les règles de tout ce qui tient à l'observation. Mais qui peut analyser cette sensibilité sans laquelle les impressions du beau ne sont ni produites, ni reçues ? Qui peut pénétrer dans les mystères des opérations et des jouissances du sentiment? Il n'y a ni méthode, ni théorie qui ait prise sur lui, et puisse lui donner des lois. Lui seul est son législateur. Le sentiment est la puissance vitale des Arts. Il n'appartient qu'aux usages et aux institutions d'en comprimer ou d'en favoriser l'action, et tout ce qu'on peut dire à cet égard, c'est que cette faculté n'a de force chez les artistes qu'en proportion de l'empire qu'elle exerce sur le public. Le sentiment est essentiellement sympathique. Les belles choses développent en nous le sentiment du beau ; mais ce sentiment, développé dans une nation, réagit de toute la puissance d'une affection générale sur le génie des artistes. Tout ce qui tend à accroître l'amour des beaux ouvrages, tout ce qui tend même à les faire paraître et croire plus beaux qu'ils ne sont, tend à en faire produire de plus beaux encore : et de toutes les manières de favoriser les artistes, la plus utile serait peut-être de favoriser l'amour de leurs ouvrages.

J'ai fait voir que le spectacle des ouvrages d'Art, dans les cabinets et dans les collections, loin d'aviver en nous ce sentiment, qui est le véritable appréciateur du beau, tendait au contraire à lui substituer l'esprit oiseux de la curiosité, ou l'esprit froidement observateur de la critique. Mais il y a une

véritable corrélation, en fait d'Art, entre l'objet vu
et celui qui le voit. Comme la manière de le considérer, c'est-à-dire, les affections dont le spectateur est dominé, modifient à son égard et l'effet
qu'il en reçoit, et les qualités dont il éprouve
l'action, de même aussi la manière dont l'objet
a la propriété de se faire voir, détermine plus
qu'on ne pense, chez le spectateur, la faculté d'en
jouir, augmente ou diminue la capacité d'en être
affecté. Il y a réellement ici une réciprocité de
cause et d'effet.

Ainsi, la nature du rôle, et de la position même
des ouvrages dans les collections, est ce qui fait
perdre au plus grand nombre la propriété singulière qu'ils avaient d'être en rapport avec le sentiment. Comment leur effet ne changerait-il pas,
puisqu'ils ont changé de théâtre, de point de direction et de juges. Le seul fait de leur position
nouvelle, de leurs nouveaux rapports, de leur
nouvelle manière d'être envisagés, jugés et ad-
mirés, en les dénuant de cette vertu précieuse
qu'ils avaient de correspondre avant tout aux
affections de l'âme, leur enlève une grande partie
de leur mérite.

Et c'est ainsi que les plus belles statues de l'antiquité, privées du plus important objet de leur

destination primitive, ont perdu aussi un grand nombre des moyens qu'elles avaient de faire impression, et par conséquent une portion considérable de leur beauté relative.

Il y a sans doute, et dans la nature, et surtout dans les ouvrages de l'Art, une sorte de beau absolu ; c'est celui des proportions, par exemple, ou des meilleurs rapports que les formes ont entre elles ; c'est encore celui de cette vérité comparative que la théorie démontre, que les méthodes expliquent, et que l'esprit conçoit. Mais, je l'ai déjà dit, ce n'est pas de ce beau théorique que j'entends parler; celui-là ne produit point de passions, ne fait point d'enthousiastes, n'enflamme point les cœurs. Celui dont je parle procédait, dans ces belles statues, de la propriété qu'elles avaient de faire croire à l'existence des êtres dont elles représentaient les images. Celui dont je parle s'accroissait dans l'imagination, de toutes les affections sympathiques relatives à ces images. Il avait son principe dans le cœur de l'artiste, et son empire dans la foi du spectateur; et l'un et l'autre se renforçaient de toutes les illusions de la croyance religieuse.

Illusions ? me dites-vous.

Et qu'importe, je vous réponds, si l'artiste leur

doit, d'une part, le pouvoir de mieux exprimer la beauté, et le spectateur, de l'autre, celui d'en éprouver plus fortement les impressions. Car de quoi peut-il être question ? et quelle réalité serait supérieure à d'aussi efficaces illusions ? Certes, ce qu'il y a de géométrique dans la beauté, n'est pas ce qui nous touche le plus, et ceux qui en sont frappés par ce côté là, sont ceux qui le sont le plus légèrement. Ses impressions infinies et indéfinissables, sont celles qui s'adressent au sentiment; or combien de choses matériellement étrangères à un objet le sentiment ne sait-il pas y découvrir ? L'amour nous en fournit assez de preuves. Le même objet nous paraît-il aussi beau, quand le feu de la passion est éteint, que lorsqu'il brûlait en nous ? Et qui peut dire si l'on doit à la passion de voir ce qui n'existe pas dans l'objet aimé, ou si c'est l'absence de passion qui nous prive d'y voir ce qui véritablement y existe ?

La moitié du pouvoir de la beauté réside donc dans les facultés de celui qui en reçoit les impressions. Nous cooperons donc nous-mêmes à son action sur nous. Si de froids motifs nous amènent devant les ouvrages de l'Art, nous en attendrons vainement de vives émotions, et si ces ouvrages ne sont plus les ministres ni les organes d'affections ou d'idées en rapport avec nos sentimens ou nos croyances, ils sont également déchus de cet empire souverain qu'ils avaient exercé autrefois sur l'âme.

Oui, l'on peut affirmer que tout ouvrage dont le motif était de faire naître telle ou telle passion , d'éveiller telle ou telle espèce d'affection, d'exciter telle ou telle sensation, de correspondre à telle ou telle disposition de notre âme , de diriger notre esprit vers telle ou telle pensée, perd une grande partie de sa vertu , et par conséquent, de sa beauté, lorsque tous les moyens accessoires qui concouraient à lui faire produire ces effets lui sont ravis, lorsque lui-même il a perdu dans l'opinion, la puissance morale attachée à sa destination originaire.

Et c'est là , précisément, ce qui est arrivé à ces statues *dédéifiées* de l'antiquité ; c'est ce qui arrive à toute composition enlevée à sa fonction première , déplacée du lieu qui l'avait fait naître , et rendue étrangère aux circonstances qui lui donnaient de l'intérêt.

<hr>

COMBIEN de monumens restés sans vertu par leur seul déplacement ! que d'ouvrages ont perdu leur valeur réelle en perdant leur emploi ! que d'objets vus avec indifférence, depuis qu'ils n'in-

téressent plus que les curieux ! Ce sont des mon-
naies qui n'ont plus cours que parmi les savans.
Ainsi, comme on l'éprouve tous les jours , ils se
trouvent condamnés au tribut d'une stérile admiration , tous ces morceaux épars , tous ces restes
mutilés de l'antiquité, ces dieux sans autels , ces
autels sans adorateurs , ces signes d'honneur sans
signification, ces cippes privés de motifs , ces sar-
cophages vides d'affections , où l'antiquaire va
chercher de l'érudition, mais auxquels votre âme
demanderait en vain des émotions. Ils sont là trop
étrangers à leur destination première.

Que si, au contraire , sur les bords de ces antiques voies de l'ancienne capitale du monde; si
parmi les ruines de quelque ville détruite, la
main du temps, ou celle des hommes, plus des-
tructive encore, a épargné la pierre funéraire
que le lierre ou quelque arbuste sauvage ont mis
à l'abri de la violation , avec quelle émotion vous
vous arrêtez devant cet éloquent témoin de la
grandeur et de la faiblesse de l'homme ! Comme
tout vous y rappelle sa puissance et son néant !
Avec quel secret plaisir vous y surprenez quelques
caractères luttans encore contre la destruction !
Et si quelques restes de figures à demi - effacées
sont demeurés fidèles à la vanité, leurs traits s'im-

primeront dans votre mémoire ; ce monument aura rempli sa destination. Puissiez-vous le voir retracé dans un pathétique tableau, devenir, sous le pinceau du Poussin, le sujet d'une utile leçon ! puisse-t-il se recommander au zèle des vrais amis des Arts, qui veilleront à sa conservation ! puisse-t-il rester là comme un exemple de la puissance des monumens considérés dans leur accord avec les impressions morales qu'ils doivent produire!

Il n'y a point de monument de l'Art qui ne corresponde ainsi plus ou moins, dans sa destination originaire, avec quelque idée ou quelque affection spéciale. Les tableaux ont presque tous eux-mêmes, ainsi que les statues et les édifices, une vocation précise et dépendante des motifs qui les ont fait produire. Il en est, je le sais, qui échappent à cette règle ; la diversité des genres de la peinture surtout, a produit plus d'une exception dans la manière de considérer les ouvrages du pinceau. Il en est qui se refusent aux grands emplois, dont quelques autres tirent et leur réputation et leur valeur ; il en est qui ne sont faits que pour l'ornement intérieur des monumens ; il en est qui sont des monumens eux-mêmes.

Par exemple, une suite de tableaux formant une galerie historique en l'honneur d'un person-

nage célèbre, est un monument qui tire son effet
des causes morales dont j'entends parler ici. Qu'on
se garde de toucher à cet ensemble , de le décom--
poser, de le déranger. Rien de plus facile que de
lui ôter la valeur de monument , et cette consé--
cration du temps, et ce caractère auguste qui fait
d'une série de tableaux un corps d'histoire, et le
dépôt des événemens d'un siècle. Je me retrouvais
jadis, en entrant dans cette galerie, au milieu
d'un monde qui n'est plus ; je me croyais con-
temporain de cet âge dont l'art, tout à la fois rival
de l'histoire de la poésie , me retraçait les actions
et les personnes. Qu'il faut peu de chose pour détruire ce charme, et convertir un monument de la
peinture en un magasin de tableaux !

Mais je le demande , où retrouver ailleurs qu'au
palais Buonaroti , à Florence, le charme que fait
éprouver, dans la maison même de Michel-Ange ,
cette belle galerie que l'admiration et la reconnais-
sance de ses disciples ont décorée de tous les traits
de sa vie ? Qu'on suppose ailleurs ces tableaux, quelques cadres qu'on leur donne, de quelque verni
qu'on les fasse briller, à quelque beau jour qu'on
les expose, feraient-ils l'effet qu'ils font , ne per-
draient-ils pas ce qui en est la vie , séparés de ce
local , où quelques meubles et quelques ouvrages

de Michel-Ange, encore exposés là, font croire à sa présence, où tout parle de lui, où il semble qu'il va parler lui-même.

Noble et heureux emploi des ouvrages de l'Art, que celui où l'importance et la dignité de leur motif va jusqu'à faire oublier la valeur de leur exécution! J'en prends à témoin tous ceux qui ont visité ce beau monument consacré par la peinture à la peinture elle-même. Tant de nobles impressions s'emparent de notre âme, tant d'idées généreuses touchantes, élevées, la préparent à l'admiration, que l'esprit de critique n'oserait venir là troubler la jouissance du sentiment.

Est-ce donc peu de chose que cet effet des affections morales qui embellit l'ouvrage de l'Art, et va jusqu'à voiler ses faiblesses? Laissons l'artiste exercer sur lui-même la rigueur d'une censure salutaire. Laissons-le porter en tout cet œil sévère qui dénonce les moindres fautes, qui refuse l'indulgence et n'admet ni grâce ni excuse. J'approuverai même qu'il dédaigne toute parure étrangère au fond de son Art, qu'il regarde ces secours extérieurs comme les appuis de la faiblesse, comme le dédommagement artificieux du mérite et des qualités dont on manque. Cette profession d'austérité de sa part n'est qu'un engagement contracté de l'emploi de toutes ses forces, et elle est le présage d'un effort heureux.

Mais la société, mais les hommes en général ne sauraient regarder toutes ces choses, ni envisager tous les ouvrages de l'Art d'un coup-d'œil aussi rigide. Sans doute, la perfection imitative est toujours désirable ; elle est nécessaire dans certains cas, et sous certains rapports, au complément des impressions de l'Art ; et toutefois l'expérience et l'analyse des sensations dépendantes d'un monument prouvent qu'un grand nombre d'effets utiles ou agréables n'est pas toujours attaché à une perfection rigoureuse ; elle-même a ses degrés ; la manière de jouir en a beaucoup aussi. D'ailleurs, les grands talens sont si rares, que les chefs-d'œuvre doivent passer pour des exceptions. Il est donc heureux que l'opinion de la société, moins difficile et moins sévère que celle de l'artiste, ait pour tous les talens des emplois variés. Il est heureux que des idées morales relèvent le prix de certains ouvrages, et que le goût du public, dirigé par le sentiment de l'utilité civile, politique ou religieuse, place souvent l'importance de la fin avant l'excellence même des moyens.

Loin donc de dépouiller les monumens de tous ces accessoires de moralité, qui donnent aux uns la valeur qu'ils n'ont pas, et aux autres une valeur de plus, c'est à les multiplier autour d'eux, c'est à augmenter en eux l'action du sentiment, que doit conduire la saine théorie de leurs effets. Souvent tout le secret de leurs impressions consiste dans celui de leur destination, et le pouvoir de celle-ci s'attache, plus souvent qu'on ne peut dire, au lieu même pour lequel l'ouvrage fut fait. Mille petits intérêts qui ne peuvent se détacher du local, font de leurs charmes accessoires le charme principal de l'objet même ; toujours ils ajoutent à sa beauté ; quelquefois même ils y suppléent.

Que d'exemples célèbres ne pourrait-on pas citer à l'appui de cette vérité ! J'en veux produire un qui, pour être moins connu, n'en sera peut-être pas moins propre à la faire sentir.

Près de la ville capitale de la Sicile, s'élève une haute montagne qui domine la vaste étendue de la mer, et protége cette grande cité. Ce mont, jadis inaccessible au voyageur, avait été la retraite d'une jeune vierge issue du sang des rois. A l'âge où le cœur s'ouvre aux jouissances de la vie, la jeune

Rosalie, désertant la cour, changea son palais contre une grotte ignorée, où seule, et n'ayant que Dieu pour témoin de son sacrifice, elle avait cru en dérober le secret au monde.

Effet singulier du pouvoir qu'exerce sur l'âme des peuples l'héroïsme de tous les genres de dévouement et de renoncement à soi-même ! A peine connaît-on aujourd'hui les noms des princes qui, dans ce siècle reculé, gouvernèrent la Sicile ; ils sont ensevelis dans les archives du temps, et effacés de la mémoire des hommes. Celle qui se voua à l'oubli, qui voulut mourir de son vivant, vit encore aujourd'hui dans tous les cœurs. De pompeuses solennités se renouvellent périodiquement en son honneur. Parmi des milliers de feux, au milieu des chants qui redisent ses louanges, sur un magnifique char de triomphe, l'humble Rosalie reçoit tous les ans les honneurs de l'apothéose religieuse. Tout retentit alors des acclamations d'un peuple soumis à son empire ; et cette montagne, qui fut son tombeau, semble montrer au pieux Palermitain, dans les pentes qu'on y a pratiquées, le chemin et les degrés du ciel.

L'Art, effectivement, a rendu praticable l'accès de ce pic élevé : des détours multipliés sur ses flancs offrent au voyageur une longue, mais assez facile montée. Parvenu à la cime, et supérieur à la région des nuages qu'il a laissés sous ses pieds, il rencontre un modeste ermitage, aux soins duquel est confiée la caverne où vécut, dit-on, et mourut la patronne de Palerme. Une lampe religieuse qui y brûle jour et nuit en éclaire la modique enceinte, et fait apercevoir, dans un de ses côtés, l'enfoncement qui servit de lit à la pieuse solitaire. On avance : ô surprise !… on l'y voit encore. Le bronze et l'albâtre se sont réunis sous la main de l'Art pour la représenter mourante dans l'attitude de la résignation, et avec l'expression d'une douleur mêlée d'espérance.

La crédulité, et cette sorte de prestige qui naît d'un certain mélange de l'imitation avec la réalité, contribuent, je le sais, et j'en fus témoin ici, à opérer sur l'imagination des gens simples quelques impressions qui sont hors du domaine de l'Art. J'ai vu, autour de cette grotte, se produire tous les genres d'illusion : les uns fondaient en larmes muettes d'attendrissement et de pitié ; les autres adressaient à la sainte les discours les plus touchans ; d'autres la priaient, l'exhortaient ; tous croyaient la voir, tous croyaient lui parler.

J'examinai cet ouvrage de l'Art, mais plus encore les impressions qu'il produisait : l'ouvrage est tel, que partout ailleurs il arrêterait faiblement les yeux d'un connaisseur. Mais quel est donc, me suis-je dit souvent depuis, le pouvoir de cet accord entre les impressions locales ou accessoires d'un monument, et celles qui dépendent uniquement de l'Art? Mille autres statues, supérieures peut-être à celle-ci, sont sorties de ma mémoire et n'y ont point laissé de trace, quoique je les aie considérées souvent : je n'ai vu celle-ci qu'un instant, il y a plus de trente années ; et cependant l'objet dont je parle, et ce médiocre ouvrage de l'Art, sont encore présens à mon souvenir, et je ne sais quel charme y a toujours reporté, avec un secret plaisir, mon imagination.

Je me trompe, au reste ; il me semble que je peux dire en partie d'où vient ce charme, et d'où procède sa vertu. Ce charme, auquel nous sommes si peu habitués, résulte ici de toutes ces circonstances dont j'ai parlé, qui, comme autant de préparations oratoires, éloignent toutes les pensées étrangères au sujet, disposent par degrés notre âme à l'impression que l'Art doit lui communiquer , éveillent fortement la sensibilité. Ce charme est celui de cette harmonie intellectuelle et propre de tous les Arts ramenés à leur véritable fin, qui est de nous émouvoir.

Oui, je n'hésite point à le dire, à force d'analyse, de méthode et de critique, non-seulement les Arts perdent la faculté d'émouvoir ; mais, ce qui est pire encore, nous perdons nous-mêmes la faculté d'être émus. A force de réduire les artistes et leurs ouvrages à la nécessité de s'adresser au seul organe du jugement, au seul tribunal de la critique, nous enlevons à l'Art cette propriété qu'il avait de rendre ses œuvres éloquentes, alors qu'il régnait un concert de sentimens entre elles, et l'objet moral de leur destination, et les affections de ceux auxquels elles s'adressaient.

Mille autorités, mille exemples prouvent que les Grecs, qui, sans aucun doute, portèrent bien plus loin que nous la perfection technique et scientifique de leurs ouvrages, eurent aussi bien plus de soin que nous de tout ce qui pouvait les faire valoir par l'effet des accompagnemens, par leur liaison avec toutes les impressions locales et accidentelles, par tous les moyens enfin qui peuvent y accroître, de l'illusion légitime des sens et des yeux, les jouissances du goût et de l'esprit. Qu'on explique comment il se fait que l'on y découvre des raffinemens d'exécution, et les recherchés affectées d'une parure étrangère à l'Art, considéré selon les principes d'une sévère métaphysique, et comment tous ces soins, que nous appellerions puérils, se trouvent appliqués à des ouvrages qui semblent, par leur perfection, si indépendans de ces moyens de plaire, si fort au-dessus de ces secours.

C'est qu'ainsi que je l'ai déjà fait entendre, plaire à l'esprit ou à l'œil critique d'un connaisseur, ne fut point le but unique de tous ces beaux ouvrages des Grecs. Cette fin eût été trop bornée : il n'y eût pas eu là un ressort assez puissant. Tout ce qui se fait pour l'esprit ne se fait aussi que par l'esprit.

Il s'agissait au contraire chez les Grecs de parler à l'âme, d'émouvoir toutes sortes de passions, de satisfaire à tous les besoins de l'imagination, de seconder la puissance religieuse dans la génération d'une multitude d'êtres dont la croyance devait dépendre, en grande partie, de la force d'existence que l'Art pouvait leur donner. Il fallait que les sens fussent frappés de toute part dans une religion toute sensuelle ; aussi les Arts s'emparèrent-ils des plus grandes comme des plus petites sensations.

Dominés eux-mêmes par les impressions qu'ils

s'efforçaient de communiquer, les artistes n'étaient pas de froids calculateurs des proportions, de méthodiques imitateurs des formes et des parties du corps humain. Tantôt ils croyaient avoir vu en songe la divinité dont ils enfantaient l'image ; tantôt ils cherchaient dans l'enthousiasme poétique la mesure du caractère qu'ils voulaient rendre sensible. La croyance religieuse, le besoin d'élever l'homme à une beauté plus qu'humaine, la grandeur de la destination, cette importante obligation de se mettre au niveau de l'imagination de plus en plus exaltée d'un peuple passionné : voilà quel fut le foyer qui donna la chaleur et la vie aux ouvrages de l'Art.

Loin que chez eux on connût ces travaux parasites qui ne semblent créés que pour l'amusement de l'oisiveté, loin qu'on pratiquât cet usage de monumens sans emploi, tout, au contraire, était en scène ; tout jouait un rôle, tout était vivifié par une destination accessoire et sensible ; la nature y animait moins l'Art, que l'Art lui-même ne semblait y animer toutes les parties de la nature. Par lui, tout corps eut un esprit, tout esprit eut un corps. Dans les campagnes, dans les villes, dans les places, dans les maisons, dans les routes, tout vivait, tout respirait, tout pensait par la puissance de l'Art, tout parlait son langage, tout recevait et rendait ses impressions. Chaque pas offrait un monument, et chaque monument donnait une leçon, retraçait un souvenir, excitait un sentiment; c'est que chacun avait ses fondemens dans les mœurs, les habitudes du lieu, l'histoire du pays, les traditions locales.

Voilà les collections de monumens qui enflamment le génie, qui produisent des artistes, qui multiplient non-seulement les ouvrages, mais les besoins d'en créer et les moyens d'en jouir. L'âme y éprouve cette plénitude de jouissance que procurent la grandeur et la variété d'un spectacle infini, et l'esprit aussi peut s'y recueillir dans la contemplation isolée de chaque objet.

Je mets en effet au nombre des circonstances heureuses pour l'Art, pour l'artiste et pour le spectateur, que, dans le plus grand nombre des temples antiques, la statue de la divinité se trouvât seule, ou presque toujours seule habitante du lieu qui lui était consacré. Combien quelquefois cet isolement devait commander de perfection à l'artiste! mais combien il devait aussi aider à la jouissance du spectateur! Il n'y a personne, sans doute, qui n'ait

eu l'occasion de comparer aux impressions frois-
sées, rompues, incohérentes que font éprouver les
collections nombreuses, la sensation pleine, tran-
quille et entière qui naît d'un bel ouvrage, vu seul
dans un local approprié à son objet. Je compare-
rais volontiers les cabinets et les collections nombreuses d'ouvrages de l'Art, quant aux effets que
l'âme en reçoit, à ces sociétés vaniteuses, à ces
rendez-vous tumultueux de la galanterie moderne,
où l'on va plutôt pour briller que pour plaire, et
où la beauté elle-même s'inquiète plus d'être ad-
mirée que d'être aimée. Là, tous les sentimens
s'éparpillent sur trop d'objets pour qu'un seul nous
touche : du moins on conviendra que si ces rassemblemens peuvent quelquefois faire naître de véri-
tables passions, jamais ils ne sauraient en être le
théâtre. L'amour fuit ces lieux de distraction ; il
lui faut le silence de la solitude pour se concentrer dans la jouissance d'un objet unique.

Telle est la vertu infinie de la beauté, que ce seul
objet est encore trop pour notre âme ; elle n'y peut
suffire : mais au moins cette idée nous échappe,
et ne saurait arriver jusqu'à nous, en présence
d'un seul objet. Ce qui nous en fait rechercher la
jouissance, c'est que nous pensons être capables de
l'embrasser dans son ensemble, et d'en embrasser

encore tous les détails. Jouir d'un bel ouvrage de la nature ou de l'Art , n'est autre chose qu'en saisir facilement tous les rapports. Or cette étude de l'âme veut que le calme règne autour d'elle, et ce calme ne s'obtient en entier que par un certain isolement de l'ouvrage , isolement qui produit le recueillement du spectateur.

Il est des Arts , je le sais , dont la jouissance s'accroît et se renforce par le concours même des spectateurs. Mais qu'on y prenne garde , c'est qu'ici le concours dont il s'agit produit le même effet sur l'âme que l'isolement dont je parlais tout à l'heure. Car , dans les représentations scéniques , rien ne tend plus à fixer votre attention, à ouvrir votre âme aux impressions du spectacle, à écarter toutes les distractions , que cette sympathie d'attention et d'admiration qui résulte au théâtre, du contact d'un nombreux auditoire. Loin que cette foule fasse diversion à l'objet de l'imitation, elle vous y entraîne, elle donne à la faculté de jouir l'élan d'un mouvement plus rapide.

Ce n'est pas, au reste, que j'aie prétendu prescrire l'isolement comme un moyen absolu de plaire dans les ouvrages des Arts du dessin. Ces Arts ne brillent souvent aussi que par leur réunion , et par les savantes combinaisons de leurs productions respectives. La plupart des règles du goût ne s'adressent qu'au sentiment ; il en est peu d'exclusives. Je n'ai fait mention ici de l'effet de l'isolement que pour faire sentir qu'il est quelquefois un des moyens poétiques de l'Art, ou le ressort moral des impressions que nous éprouvons ; et aussi pour expliquer comment il arrive que certains ouvrages perdent, à leur déplacement, à un changement de scène ou de local, la propriété qu'ils avaient de nous plaire et de nous intéresser.

A vrai dire, de même que chaque art a ses propriétés spéciales, il existe aussi pour chaque espèce d'ouvrage d'Art une sphère d'effets coordonnés à ses propriétés. Plusieurs de ces effets ne dépendent ni du pouvoir de l'artiste, ni de celui des hommes, mais uniquement quelquefois de la nature des choses, c'est-à-dire, d'un concert spontané de circonstances , d'incidens et de rapports d'autant plus précieux, qu'on ne peut ni faire ces sortes d'harmonie , ni les refaire quand elles ont été détruites, ni préparer leurs effets , ni réparer leur perte. Un arbre de plus ou de moins dans cette plaine produit ou fait disparaître le motif d'un paysage. Cette ruine, enlevée à ce site, lui ravit la faculté de nous émouvoir. On a vu des hommes assez ignorans pour planter des points de vue, pour commander des aspects à la nature, pour édifier du pittoresque, et ordonner le désordre ; comme si le désordre pittoresque n'était pas un écart des lois de la nature ; et comme si la nature était plus facile à imiter dans ses écarts que dans ses règles. Tous ces effets de commande avertissent l'âme du projet de la surprendre ; dèslors, plus de surprise. Ces causes, étrangères à l'Art, doivent agir sans lui et à notre insu : il ne faut ni les contrarier, ni les rechercher ; et de toutes les manières d'en manquer les effets, la plus sûre est de les feindre.

De ce genre d'effets est celui qui, dans les monumens, résulte de leur antiquité.

L'idée de l'ancienneté imprime aux monumens, comme aux hommes, un caractère de respect et de vénération. Nous admirons en eux cette prédilection du sort qui les a sauvés de la main du temps ; ils nous semblent privilégiés ; le fait seul de leur conservation les rend pour nous des objets merveilleux. L'imagination rassemble facilement sur eux un nombre infini de rapports qui nous transportent presqu'en réalité à l'époque reculée qui les vit naître. Ce n'est point tout-à-fait une illusion de l'esprit; il y a du vrai dans ce rapprochement. Mes yeux voient ce qui fut vu par Périclès, par Platon, par César. Horace et Virgile passèrent devant ces colonnes que j'admire. Nous avons donc admiré les mêmes objets, touché les mêmes beautés. Voilà un point où nous nous sommes rencontrés. Cette dragme, ce *quadrans*, ont passé par les mains de ces personnages que nous sommes habitués à ne voir qu'en songe. Je possède donc ce qu'ils ont possédé; c'est une sorte de communauté qui s'établit entre nous, et nous rend un moment contemporains et compatriotes.

Ce charme de la vétusté tient donc à la certitude, mais aussi à l'apparence de la vétusté. Voilà pourquoi il est si précieux aux yeux de l'amateur, ce vernis du temps, que l'on cherche si souvent à contrefaire. Redonner à ces restes mutilés une menteuse intégrité, effacer et faire disparaître des ouvrages antiques l'empreinte de l'antiquité, et leur redonner un faux air de jeunesse, c'est leur enlever en partie leur valeur et leur beauté, et cette espèce d'inviolabilité qui les défendait des attaques de l'esprit de critique.

Car l'ancienneté a en quelque sorte l'avantage

de soustraire les monumens à la censure : lorsque les cent yeux de celle-ci s'ouvrent sur l'ouvrage nouveau , une sorte de voile officieux semble s'interposer entre elle, et ces productions qu'ont respectées les siècles. Elles ont acquis une sorte de droit de nature. C'est qu'outre mille autres raisons qu'on en pourrait apporter, toutes ces circonstances morales leur donnent la propriété de s'adresser au sentiment ; c'est qu'indépendamment du mérite plus ou moins remarquable de ces ouvrages, ils tirent une grande partie de leur valeur des rapports que j'ai à peine indiqués , source d'impression plus féconde qu'on ne saurait le dire.

Aussi , le véritable amour de l'antiquité vous dit de séparer, le moins qu'il est possible, ses vénérables débris, des lieux, des circonstances et de l'ensemble d'accessoires avec lesquels ils sont en rapport.

Un de ces hommes qui ne prisent dans les monumens antiques que ce qui est rare ou ce qui est cher, eut un jour la bizarrerie de convoiter ce temple qu'on appelle à Tivoli le temple de la Sibylle, monument à demi-ruiné, comme l'on sait, mais instructif encore dans ses détails, et plus intéressant par sa position.

Nommer ce lieu à l'artiste qui l'a visité, c'est

lui rappeler de doux souvenirs, c'est retracer à son imagination de magnifiques tableaux, c'est lui faire revoir le monument dont il s'agit. Soit qu'il se le figure encore doré par les rayons du soleil, se détachant sur un ciel d'azur, et couronnant la pompe théâtrale de ces lieux ; soit qu'il s'imagine être dans son enceinte, et, à travers le cadre de ses colonnes dégradées, contempler ce vaste champ de ruines où gît l'orgueil de l'antique Rome ; soit qu'il se place sur les bords de ce précipice où, d'abîmes en abîmes, l'Anio mugissant s'engloutit, et fait jaillir son écume jusqu'au sommet du temple qui le domine ; jamais le nom de Tibur, jamais ses beaux aspects ne se représentent à son esprit sans l'image du monument qui en est devenu inséparable.

Que désirait donc ce prétendu amateur d'antiquité ? quel était l'objet de sa passion ? Ce n'était pas de s'en procurer la propriété, vraiment illusoire, tant que l'édifice resterait en sa place ? Non : il avait formé le projet d'en acquérir les matériaux, de les décomposer, de les transporter au loin dans son propre pays, et de rebâtir ce temple, dans le même état de ruines, au milieu de son jardin.

Je veux suivre un instant l'exécution de son projet. Je me le figure réalisé (car la chose n'eût offert en soi rien d'impossible) : je lui accorde donc l'accomplissement de ses vœux, et je me demande ce qu'il en eût éprouvé?

Je crois d'abord qu'il se serait trouvé bien déçu, lorsque, revoyant l'objet de sa passion sous un autre ciel et dans une toute autre compagnie, il eût attendu, sans les recevoir, toutes ces impressions, toutes ces illusions qui, sur les bords du Tévcrone, avaient si fort relevé à ses yeux le prix de ce monument. Car, il n'en faut point douter, la faculté de jouir des ouvrages de l'Art réside, bien plus qu'on ne pense, dans la faculté d'imaginer; et le laboratoire le plus actif de nos plaisirs est celui de notre imagination. Cette habile et féconde ouvrière, après avoir produit ce qu'il y a d'admirable dans les œuvres de l'Art, est encore celle qui en produit l'admiration. Ici, elle ne fournit plus le fond du sujet; mais elle y ajoute cent accessoires, qui souvent valent autant : elle développe le mérite des belles choses; elle leur prête souvent des intentions, et leur attribue de louables motifs; elle nous fait voir tout ce qui est dans les monumens, et tout ce qui pourrait y être; elle fait entendre et ce qu'ils disent, et ce qu'ils sont capables de dire. Ceci n'ôte rien au mérite de l'artiste; car si l'imagination ajoute quelquefois à la beauté de l'ouvrage, il n'y a que les beaux ouvrages qui puissent ainsi faire travailler l'imagination.

Or, qui contesterait ici que le plus grand nombre des impressions du temple de Tibur ne soit le produit de notre imagination exaltée par le grand spectacle de la nature, par les beaux souvenirs du lieu, par une multitude de rapports liés à une multitude de causes accessoires ? Le site donnait de la valeur au temple, et le temple donnait de l'intérêt au site : mais le temple, vu et possédé seul, n'est plus qu'une figure détachée d'un superbe tableau ; éloigné de son ensemble, il n'est plus qu'un objet d'étude ou de curiosité.

En vain notre bizarre amateur lui eût demandé de redire, dans un site étranger, toutes ces merveilles qui jadis avaient charmé ses sens et son esprit ; la ruine, muette et privée d'effets, n'eût plus répondu à ses désirs. Détenteur de sa froide réalité, il eût préféré son souvenir à sa présence. Il lui eût fallu, pour revoir ce temple, le replacer en idée sur la cime du mont qu'il en eût dépouillé. Qui sait encore si le fait de sa possession matérielle ne lui eût pas enlevé jusqu'à la faculté de ce transport imaginaire ?

J'ai dit qu'il y a dans les beaux ouvrages de l'Art une vertu qui leur est propre, celle de faire travailler l'imagination. Cette propriété est si sensible en eux, que quelques métaphysiciens ont été jusqu'à prétendre que l'ouvrage n'était pas dépositaire de la beauté, mais seulement l'instrument ou le moyen propre à en réveiller en nous les images; que, les empreintes du beau résidant au fond de notre âme, l'Art ne nous les communiquait point, mais les développait, et que le mérite des ouvrages parfaits consistait en cela seul, qu'ils opéraient en nous cette représentation intellectuelle, opération dont les ouvrages défectueux étaient incapables. Vaine subtilité, comme l'on voit, qui, ainsi que beaucoup d'autres du même genre, se réduit à une transposition d'idées, si ce n'est peut-être à un jeu de mots.

Ce qu'on peut affirmer toutefois, c'est qu'elle est souvent peu sensible, la limite qui, dans les ouvrages de l'Art, sépare les impressions positives des impressions relatives, sépare les qualités qu'on peut définir de celles qui sont indéfinissables, sépare ce qui est réel pour nos sens de ce qui ne l'est que pour l'imagination et par elle.

Sans prétendre expliquer ces effets, qui tiennent au mystère de la liaison de notre âme avec nos sens, il doit suffire de les reconnaître, et la théorie des Arts n'a point de fondement plus sûr. Nous coopérons tellement aux effets que nous recevons des belles choses, que l'artiste entend le mieux qu'il est possible ses intérêts, lorsque, fondant sur notre concours et notre participation l'entier succès de ses moyens, il peut parvenir, non-seulement à mettre ses ouvrages et leurs effets d'accord avec nous, mais à nous mettre nous-mêmes d'accord avec eux. Là est la plénitude des impressions et du pouvoir de l'Art.

L'artiste, j'en conviens, n'est pas toujours le maître d'ordonner, autour de ses productions, ce concert moral et cet accessoire intellectuel de rapports qui nous mettent en harmonie avec les sensations qu'il voudrait produire. Beaucoup de ces observations aussi s'adressent moins à lui qu'à ceux qui ont le pouvoir ou de coordonner tous les effets dont je parle, ou du moins de ne pas rompre cette harmonie là où elle existe.

S'il est un Art surtout auquel il convienne de s'environner de toutes les causes qui déterminent la nature des impressions propres à mettre notre âme d'intelligence avec lui, et qui la font conspirer aux moyens de la séduire, c'est bien sans doute celui dont le modèle abstrait n'est saisissable que par la pensée , et dont l'imitation vague ne repose sur presque rien de sensible : je veux parler de la musique.

On a souvent révoqué en doute les effets prodigieux de cet Art chez les anciens, et l'on a traité d'exagérés les rapports des écrivains sur cet objet. Il me semble que c'est à tort , puisqu'il est constant que la mesure du plaisir de la musique n'est autre que celle de la sensibilité. Or, on pourrait tout au plus contester ici, non pas que ces effets aient été produits, mais seulement qu'ils l'aient été par des moyens capables encore de les produire aujourd'hui : controverse hors de notre jugement, comme on le voit, puisque ses élémens sont hors de notre portée. Car il ne s'agirait de rien moins que de comparer la valeur d'une musique qui nous est inconnue au degré de sensibilité d'un peuple qui n'existe plus. Il ne reste donc d'autres moyens d'apprécier le mérite comparatif de cet Art chez les Grecs et chez les modernes, que ceux de l'analogie respective, que, dans tous les temps et dans tous les pays , tous les Arts ont entre eux : genre d'épreuve qui n'est ni toujours , ni en tout péremptoire.

Je ne veux faire ici aucun parallèle entre la musique antique et celle des modernes, et je ne dirai point combien celle-ci paraît avoir acquis de richesses et de moyens qui dûrent manquer à l'autre. Cela serait peut-être peu décisif dans la question des effets dont je veux parler; car il est certain que ce qui touche le plus dans l'Art musical n'est point ce qui tient à la science, à la difficulté et aux moyens mécaniques. Avec beaucoup moins d'instrumens, ou avec des instrumens moins parfaits, et surtout avec une moindre dépense de combinaisons, les anciens ont pu arriver au but principal de l'Art, qui est d'exciter des impressions, de peindre les passions, d'émouvoir et de plaire. L'art seul du chant et celui des accompagnemens simples, arts qu'on ne peut leur refuser, ont dû leur suffire pour produire les plus grands effets.

Mais il me paraît que l'effet de leur musique dépendait beaucoup d'une qualité qui fut aussi dominante chez eux, dans tous leurs Arts, qu'elle l'est peu chez nous, et surtout dans l'Art dont il s'agit. Je veux parler du caractère musical, chose en apparence fort facile, mais qui ne s'obtient pas si facilement qu'on pense, parce que son principe est, en grande partie, dans des usages auxquels l'artiste ne saurait ni commander, ni suppléer. Ce caractère consistait en ce que certaines idées données se trouvaient constamment en rapport avec certaines modulations déterminées, de manière que chaque nature de chant, même indépendamment du plus ou du moins de talent d'exécution, indiquait, sans équivoque, à quelle espèce d'objets elle était destinée. Nous avons une faible tradition de cette manière, dans certaines *cantilènes* religieuses. Sans art et sans presque aucune science de composition, il en est qui produisent un effet que cherchent et n'obtiennent pas toujours les plus grands maîtres par les plus savantes combinaisons.

La musique avait donc, chez les anciens, des rapports plus positifs avec les sentimens ou les idées qu'elle exprimait. Dès-lors son langage était mieux compris qu'il ne l'est chez les modernes, où très-peu d'institutions morales et politiques reçoivent d'elle des secours, et où très-peu lui en donnent. La musique religieuse, la musique guerrière, la musique théâtrale, différaient, par exemple, entre elles, non-seulement dans leur objet, mais encore par la nature des lieux, des acteurs, des fêtes et des cérémonies où elles étaient introduites ; et l'on se figure aisément

combien cet accord parfait entre le mode musical,
l'objet de l'imitation , le local , les signes accessoires , les circonstances environnantes ; combien,
dis-je, toute cette harmonie, à la fois morale et
sensible , intellectuelle et mécanique, devait con-
tribuer à renforcer le pouvoir de l'Art , et à faire
entrer profondément ses impressions dans l'âme
des auditeurs.

La poésie même, cet Art le plus indépendant des
causes extérieures , puisqu'à vrai dire nos sens
ne sont que ses intermédiaires , et que le plus
grand nombre de ses images s'adressent au sens
interne , la poésie avait aussi jadis , par son inti-
mité avec la musique , des moyens de plaire plus
efficaces. La déclamation notée et le rhythme lui
donnaient une action de plus, et une action exté-
rieure. Elle participait aux avantages de la représentation, et le vers, enfant de la lyre, trouvait
dans l'accompagnement instrumental un charme
qu'aucune lecture ne peut atteindre. Dans le
drame, la musique, compagne de la poésie et
rivale sans jalousie, mariait ses couleurs à celles
du poète. Or, cette liaison qui existait alors entre
les deux Arts , c'est-à-dire entre les idées d'un
sujet, les paroles qui leur donnent une forme, et
la modulation des sons qui en fait la parure, tout

cela doit se mettre au rang des causes qui produisirent les effets de la musique antique.

Quelquefois, sans doute, la musique moderne, au gré de ceux qui ne savent point séparer les jouissances des sens de celles de l'esprit, a pu regretter l'effet 'de cette liaison, qui n'existe plus entre elle et la poésie. Mais trop souvent encore, malgré l'éclat de ses moyens, la multiplicité de ses ressources, le génie de ses compositeurs, il lui manque cet accord des impressions accessoires, qui, disposant aux effets qu'elle veut faire éprouver, aident à mieux comprendre les motifs du tableau musical, fixent le sens souvent arbitraire de son langage inarticulé, et donnent à notre jugement une direction plus certaine.

On a peut-être trop contracté l'habitude de réduire les jouissances de la musique à celles que font éprouver les concerts : or, les concerts sont précisément pour la musique ce que sont pour les Arts du dessin les collections et les galeries. Et pourtant, quel nom donner au plus grand nombre de ces musiques d'église où se produisent les mêmes chanteurs, le même orchestre, les mêmes formes de chant, le même

style d'accompagnement, le même goût et le même
appareil que dans les concerts profanes ? La seule
différence est celle des paroles, qui, devenues le
motif, plutôt que le sujet du chant, ont perdu
jusqu'à la propriété de nous en instruire. Comment pourrait-il résulter de là l'impression particulière d'un caractère spécial, quand rien ne
concourt à l'établir ; quand, au lieu d'être invitées
à favoriser l'ébranlement de l'imagination, toutes
nos facultés, distraites en sens contraire, ne semblent appelées qu'à soustraire l'âme aux émotions
qu'elle cherche ?

Avec moins de moyens et moins de bruit, la
musique, vraiment appropriée à son emploi dans
les sujets religieux, par la gravité de ses accords,
véritablement mise en scène, soit par l'effet mystérieux des instrumens, soit par les convenances
du lieu, soit par un accord plus réel avec les cérémonies, produirait des impressions plus fortes, et
du genre de celles que l'on nous a trop habitués
à juger incroyables.

Qu'on se rappelle ces chants si simples et si
touchans qui terminent à Rome les solennités
funèbres de ces trois jours que l'Église destine
particulièrement à l'expression de son deuil dans
la dernière des semaines de la Pénitence. C'est dans

cette nef où le génie de Michel Ange a embrassé la durée des siècles, depuis les merveilles de la création jusqu'au dernier jugement qui doit en détruire les œuvres, que se célèbrent, en présence du Pontife romain, ces cérémonies nocturnes dont, les rites, les symboles, les plaintives liturgies semblent être autant de figures du mystère de douleurs auquel elles sont consacrées. La lumière décroissant par degrés, à chaque révolution de chaque prière, vous diriez qu'un voile funèbre s'étend peu à peu sous ces voûtes religieuses. Bientôt la lueur douteuse de la dernière lampe ne vous permet plus d'apercevoir dans le lointain que le Christ, au milieu des nuages, prononçant ses jugemens, et quelques anges exécuteurs de ses arrêts. Alors, du fond d'une tribune interdite aux regards profanes se fait entendre le psaume du Roi pénitent, auquel trois des plus grands maîtres de l'Art ont ajouté les modulations d'un chant simple et pathétique. Aucun instrument ne se mêle à ces accords. De simples concerts de voix exécutent cette musique ; mais ces voix semblent être celles des anges, et leur impression a pénétré jusqu'au fond de l'âme.

Les noms de Léo, de Pergolèse et de Durante, disent assez sans doute quel est le prix de ces compositions, savantes dans leur simplicité. Le soin qu'on prend de leur conservation, l'honorable scellé sous lequel on les garde, le suffrage de tous les connaisseurs attestent leur mérite ; mais tous ceux qui, sans être connaisseurs, ont éprouvé la vertu de ces chants religieux, attesteront aussi que toutes les circonstances dont j'ai parlé coopèrent puissamment à en rendre l'impression plus profonde.

La musique, je l'ai dit, est l'Art qui veut être le plus secondé par l'imagination de ceux auxquels il s'adresse. Rien de matériel, rien de positif n'entre dans ses conceptions ; c'est notre entendement qui finit ses formes, c'est notre sensibilité qui nuance ses couleurs ; elle ne travaille pour l'âme qu'autant que l'âme travaille avec elle ; elle nous met sur la voie du plaisir, mais il nous faut y marcher aussi ; elle ne nous présente point des images faites ; elle nous les fait exécuter en nous : nous peignons avec elle, nous sommes ses collaborateurs ; acteurs nous-mêmes dans son action, nous n'en recevons le plaisir qu'en y contribuant, c'est-à-dire, que son effet n'a de prise que sur ceux qui le provoquent, c'est-à-dire, que son effet est nul sur celui qui n'y coopère point.

Car le plaisir de l'oreille, ou la difficulté d'exécution, ne doivent pas se mettre au nombre des vrais moyens qui constituent la puissance de la musique ; l'un n'est que pour l'instinct vulgaire, et l'autre n'a de prise que sur les savans ; la vertu de l'Art et son triomphe consistent à nous émouvoir. Or, cet effet mécanique des sons ne flatte que les sens, passe promptement, et n'agit que faiblement sur nous ; et quant aux ressorts de la science, s'ils contribuent aux impressions du plaisir, c'est à notre insçu, et dès que l'esprit les aperçoit, le sentiment se retire.

Voilà pourquoi la science doit se cacher dans les compositions ou les exécutions musicales qui tendent à nous toucher. Voilà pourquoi l'on ne saurait trop mettre en jeu, dans l'action de cet Art, tout ce qui dispose l'auditeur à aller au-devant des affections qu'il doit ressentir, pour se mettre en sympathie avec les effets qu'on veut qu'il éprouve ; et cette sympathie dépend, plus qu'on ne saurait l'imaginer, de l'harmonie des causes extérieures, locales et accessoires.

Comme les tableaux de la musique ne peuvent se définir, il y a aussi dans la manière d'en jouir quelque chose d'indéfinissable : c'est l'Art du sentiment, et le sentiment se compose des rapports les plus déliés. Est-il rien qui soit capable de détruire ou de remplacer dans l'imagination le charme attaché à ces chants naïfs qui ouvrirent notre âme aux premières impressions de la sensibilité, qui toujours nous ramènent aux premières années de la vie, qui toujours nous reconduisent au lieu qui nous vit naître? Voilà les fibres délicates que l'Art a intérêt de toucher, s'il veut établir entre l'imagination et lui cette correspondance sans laquelle son langage se réduit à des sons, avec laquelle, au contraire, l'âme voit plus d'images encore que l'Art n'en donne, au moyen de laquelle la peinture musicale acquiert un corps, prend des formes, se dessine en un lieu, occupe un espace, emprunte de l'étendue et conquiert de la réalité.

Tout cela est l'effet d'une transposition très-subtile, d'un échange que l'âme peut faire des propriétés d'un Art contre celles d'un autre. Comme on croit entendre, dans la peinture, les cris plaintifs de la douleur, on croit voir aussi l'expression des corps et de la figure par les accens de la musique. Ainsi, des sons ou une succession de sons analogues à tels souvenirs, à tels sentimens, nous rendent présens les objets auxquels ces souvenirs et ces sentimens correspondent. Les impressions que l'âme reçoit des accords par la voie de l'oreille, elle les transforme en images du genre de celles que les yeux transmettent : mais cette transposition ne

s'opère que par la force d'un sentiment profondément recueilli, et par la vertu de l'accord moral
dont j'ai parlé.

———————

Trop souvent on se trompe sur la source des
impressions que nous font éprouver les ouvrages
de l'Art, en la plaçant exclusivement dans ces ouvrages. Outre la réciprocité qui existe quelquefois,
comme je l'ai fait voir, entre la capacité de produire
et la capacité de recevoir les impressions, il faut
dire, que comme la faculté de jouir est en ce genre
la faculté de rassembler des rapports, il y a dans
les jouissances du sentiment une multitude de
rapprochemens qui échappent à l'analyse, et font
trouver à un petit nombre d'hommes des sensations que le vulgaire ne soupçonne pas. Souvent
lorsque nous croyons jouir uniquement de l'image
qui est devant nos yeux, mille petits rapports
indirects et étrangers se substituent aux rapports
principaux: en sorte que ce que nous voyons, est
quelquefois pour peu de chose, dans ce que nous
sentons et ce que nous admirons.

De cette capacité de jouir par l'imagination plus
que par les sens, peut résulter chez quelques
hommes cette indifférence qu'ils semblent té-
moigner pour les accompagnemens, les prépara-

tions et les effets accessoires d'une illusion exté-
rieure à l'ouvrage. C'est qu'en eux il y a un ressort
plus actif que la réalité, le ressort imaginatif qui
éloigne toutes les contradictions, qui dispose de
toutes les circonstances, qui les fait ou les refait, et
sait donner à tous les tableaux, le cadre moral qui
leur convient.

Mais cet effort d'une imagination presque dé-
gagée des sens ne doit pas s'attendre du plus
grand nombre des hommes, chez lesquels l'imagination obéit plutôt qu'elle ne commande aux
sens.

Je n'en croirai pas non plus, sur ce point, quelques artistes, qui supposent à tort, et désirent plus
mal à propos encore au public cette faculté, que
seuls ils peuvent avoir, d'apprécier dans l'ouvrage de l'Art les principes classiques de sa beauté,
et les raisons qu'on peut rendre de sa perfection
pratique. Il y a deux manières de goûter les ouvrages de l'Art. L'une consiste à jouir de leur
effet par les moyens qui les produisent, c'est celle
de l'artiste. L'autre, qui est celle du public, consiste à ne jouir de leurs causes et de leurs moyens
que par leurs effets. De là, deux façons de vouloir
envisager ces ouvrages. L'un demande qu'on mette
à découvert toutes les causes, et qu'on lui présente,

avant tout, le moyen de les scruter, l'autre veut qu'avant tout, on soigne les moyens de leur faire produire leur effet. C'est que l'un ne jouit qu'en jugeant, et l'autre ne juge qu'en jouissant. Mais les Arts, les artistes et leurs ouvrages, comme on l'a déjà dit, sont faits pour le public ; c'est donc lui qu'il faut consulter dans le choix des manières de produire, de mettre en œuvre et en scène les ouvrages de l'Art.

En vain dira-t-on que les beaux ouvrages n'ont besoin, pour plaire, que de leur propre mérite ; je répondrai oui pour les savans, non, pour le reste des hommes. Je répondrai encore oui pour les chefs-d'œuvre, non, pour le grand nombre des ouvrages. Je répondrai enfin que les chefs-d'œuvre ne plaisent ainsi, que parce qu'il est entré dans leur exécution une grande dose de cette vertu morale qui s'adresse au sentiment ; mais qu'ils plairaient davantage, si cette vertu se trouvait dans un accord réel et positif avec l'effet des causes extérieures et accessoires.

Telle est sans doute la vertu du *Stabat Mater* de Pergolèse. Personne ne conteste que, dans un concert, et au théâtre même, où l'on a l'inconvenance de la chanter, cette sublime composition ne puisse encore conquérir l'imagination de quelques auditeurs. Ces touchans accords, ces accens plaintifs d'une douleur religieuse pénètrent vos sens et s'emparent de votre âme ; je l'accorde : mais ont-ils bien là ce pouvoir de vous transporter au pied de la croix, de vous faire assister aux angoisses de la Mère du Sauveur ? Je vous le demande ; ne se peindrait-elle pas chez vous avec plus de vérité et d'énergie encore, cette scène de douleur, si vous entendiez cette musique dans un lieu, et avec des dispositions propres à favoriser l'ébranlement de votre imagination ? Lorsque trop de circonstances opposées au but que se propose le tableau, viennent détourner la faculté imaginative de se mettre en accord avec lui, n'est-il pas vrai que ses impressions sont moins vives et moins profondes ?

Qu'est-ce donc, dans les ouvrages, que cette beauté qu'on appelle positive, si ses effets ne le sont point ? Avouons-le, c'est se méprendre sur l'essence et le pouvoir des Arts, que de leur demander des effets constans et déterminés, et d'en attendre des impressions indépendantes des lois de la sympathie : il n'y a que les rapports géométriques qui soient toujours et paraissent toujours les mêmes. Mais quoi ! y a-t-il donc un plaisir, même sensuel, qui ne dépende des dispositions actuelles de notre âme? Pourquoi la vue subite de cette épée suspendue empoisonne-t-elle la joie et le festin de Damoclès? Le spectacle des beautés de la nature ne perd-il pas, ne retrouve-t-il pas ses couleurs, au gré des passions qui nous dominent?

Qui pourrait donc nous persuader que les œuvres de l'imitation auraient sur celles de la nature l'avantage d'un effet absolu, permanent, sans rapport avec les affections de notre âme, et avec toutes les causes morales dont on a parlé? Je le dirai: c'est ce froid et orgueilleux esprit de calcul et d'analyse qui, prétendant tout asservir à la démonstration, nie ce que les sens ne prouvent point, appelle de tous les jugemens du sentiment à ceux du raisonnement; qui, détruisant tout principe moral dans l'homme et dans ses œuvres, réduit tout à un mécanisme organisé dont il croit trouver les secrets; matérialise la pensée pour la définir, paralyse les affections qu'il ne peut analyser, frappe d'inertie toutes les facultés imaginatives, et de stérilité les dons du génie; répand le froid de la mort sur la nature, et, après avoir élevé à la raison un trône de glace sur les débris de nos affections, laisserait l'univers sans Dieu, l'homme sans âme, la société sans morale, les jouissances de la vie sans perspective, nos désirs sans illusion, les Arts sans passion, leurs ouvrages sans effet.

Pour moi, je pense que plus on est habitué à mettre en action l'organe du sentiment dans la jouissance des Arts, plus aussi l'on est sensible à ce charme moral de tous ces dehors que la froide raison dédaigne, parce qu'elle n'a aucune prise sur eux.

Et n'est-ce pas aussi cet ensemble de sentimens accessoires qui ajoute aux jouissances de la vie une délectation inappréciable ? Que seraient-elles, réduites à ce qu'elles ont de sensuel ? Qu'on les prive de toutes ces délicatesses qui les épurent, qui les embellissent, en quoi l'homme l'emporterait-il sur la brute ? Qu'on enlève au sentiment le plus vif de l'espèce humaine, à l'amour, tout ce cortége d'illusions morales, que reste-t-il ? Qu'on dépouille chacune de nos passions de tout ce qu'on y appelle imaginaire, et l'on verra que ce qu'elles ont de vain, est encore ce qu'elles ont de plus réel. Que deviendraient de même ces Arts associés à toutes les illusions humaines ? Que deviendraient-ils définis par l'analyse, et réduits à rendre compte à la seule raison de tous leurs moyens de plaire ?

Certes, ce qu'il y aurait de plus extraordinaire, serait que cette tyrannique raison, après leur avoir ôté la vie morale, leur laissât encore l'existence matérielle, en leur permettant de servir de jouets et de passe-temps ; car en vain s'imaginerait-on qu'une grande perfection releverait à ses yeux le prix de leurs ouvrages. S'ils devaient se borner à la vaine démonstration d'un savoir abstrait, et sans application aux besoins moraux de la société, la raison, pesant ce mérite dans la balance des besoins physiques et positifs, nous forcerait encore de n'y voir que des riens dispendieux, que de pompeuses bagatelles, où le génie se tourmenterait pour donner à des caractères insignifians une perfection oiseuse.

Pour que ces Arts soient dignes de l'homme, il faut donc qu'ils lui soient utiles d'une utilité morale ; et pour les rendre tels, il les faut considérer dans leurs rapports avec les impressions touchantes, élevées et salutaires qu'ils peuvent produire sur notre âme. Si tel doit être leur emploi, si leur plus belle destination est de s'adresser à la partie la plus noble de l'homme, pourrait-on traiter de futile et d'indifférente cette harmonie de tous les moyens avec la fin qui en dépend ? Pourrait-on ne pas désirer ou regretter cet accord complet des ouvrages de l'Art avec leurs causes extérieures, avec les circonstances morales, avec l'accessoire de tous les rapports intellectuels auxquels est lié leur effet, s'il est vrai que de cette liaison dérive la plénitude de leurs impressions.

Qui ne sait aujourd'hui ce que peut, pour ajouter aux charmes même de la peinture, le charme moral du sujet mis et considéré en intelligence, avec toutes les impressions accessoires ou locales qui lui appartiennent? qui n'a point éprouvé la vertu magique de cette harmonie sentimentale? et qui n'a pas eu l'occasion de faire l'expérience du désenchantement dont je parle?

Y a-t-il un secret pour rendre leurs douces et mélancoliques affections à ces scènes jadis si touchantes, alors qu'elles ornaient les murs sacrés de cet asyle impénétrable aux désirs terrestres, sombre retraite où de pieux solitaires, transfuges de la terre, et déjà citoyens du ciel, morts vivans pour l'éternité, chantaient, dans le silence des tombeaux, l'oubli du monde et des vanités humaines? Divin Le Sueur, vous qu'un souffle céleste inspira dans ces religieuses peintures, la main jalouse du temps effaçait chaque jour les traces de votre génie, et chaque jour menaçait du danger de les voir périr ces lieux mêmes qui leur donnèrent la vie ! Un zèle officieux dut les leur ravir pour nous les conserver (*). L'honneur de votre pinceau n'a plus à craindre des outrages du temps : un Art réparateur, en le rappelant à son premier éclat, a rajeuni vos teintes et fait revivre vos couleurs. Mais quel prestige pourrait redonner à vos tableaux cette atmosphère mystérieuse qui les environnait, cette influence harmonieuse du recueillement et de l'air religieux qu'ils respiraient? Comment leur rendre ce concert de silence, cet accompagnement de solitude, au milieu du désert de la pénitence?

Près de là (on s'en souvient) s'élevait un autre monument de la piété religieuse (**), port toujours ouvert à l'innocence contre les orages du monde, refuge toujours hospitalier, où la religion tendait une main secourable à ces victimes des séductions humaines, échappées enfin aux écueils des passions.

C'est là qu'on vit l'illustre et trop sensible amante du plus grand de nos rois, abjurant l'erreur qui fut le charme de sa vie, détestant l'amour qu'elle idolâtrait, résigner au pied des autels un cœur

______

(*) Ces tableaux furent enlevés du cloître des Chartreux, et remis sur toile.

(**) Le couvent des Carmélites.

qu'elle n'avait pu dompter, chercher le plaisir dans la rigueur des austérités, la paix de l'âme dans la guerre contre son corps, et goûter, dans l'amertume de ses larmes, les douceurs d'une expiation méritoire.

Qui ne connaît, qui ne se rappelle avec émotion, ces tourmens, ces combats, et cette longue agonie d'un cœur froissé entre l'amour et le devoir, et ce volontaire adieu qui va la séparer pour toujours de ce qu'elle aime, et l'arracher de ce palais des rois qu'elle ne devait jamais revoir ?

Elle avait voulu que la peinture lui retraçât ses combats et sa victoire. Dans le lieu même où s'était consommé l'holocauste, à l'endroit où devait reposer sa cendre, on voyait la nouvelle Madelaïne offrir à l'Éternel le sacrifice de son cœur. Sur l'autel de la pénitence, sa main déposait les dépouilles de la vanité, et rejetait loin d'elle les parures du monde ; ses yeux, devenus deux sources intarissables de larmes, ne s'ouvraient plus que pour s'élever au ciel.

O combien les âmes sensibles aimaient à venir visiter là cette touchante peinture ! Que ne leur disait point, dans ce temple du repentir, cette expression éplorée, cette attitude suppliante ! Que de choses ne racontaient point, en ce lieu funèbre, ces yeux toujours rouges de pleurs ! que de rapprochemens, et quels rapprochemens ! Que de leçons, et quelles leçons ! mais que d'émotions, que de souvenirs attachés aux seuls murs qui renfermaient ce tableau !

Ces murs ont disparu, et avec eux s'est évanoui ce cortége enchanteur d'idées et d'illusions qui embellissaient l'ouvrage du pinceau. Cette peinture décolorée, exposée dans de pompeuses galeries, à la vaine curiosité d'une froide critique, n'a plus paru qu'une pâle copie d'elle-même. A peine attira-t-elle les regards..... Que dis-je...? Je l'ai vue, cette image devenue infidèle aux sermens qui l'avaient fait naître, je l'ai vue, cette image, rendue parjure, orner les lambris dorés de ce même palais (*), le seul lieu du monde qui ne devait jamais la recevoir..... Je l'ai vue... et j'ai détourné les yeux.

(*) Elle fut exposée dans les appartemens de Versailles.

FIN.

www.ingramcontent.com/pod-product-compliance
Ingram Content Group UK Ltd.
Pitfield, Milton Keynes, MK11 3LW, UK
UKHW022047070726
13613UKWH00002B/709